杉本敏夫 監修
最新・はじめて学ぶ社会福祉

高齢者福祉

家髙将明・秦 康宏・杉本敏夫
編著

ミネルヴァ書房

シリーズ刊行によせて

　この度，新たに「最新・はじめて学ぶ社会福祉」のシリーズが刊行されることになった。このシリーズは，もともと1998年に，当時岡山県立大学の教授であった故大島侑先生が監修されて「シリーズ・はじめて学ぶ社会福祉」として始まったものであった。当時，現監修者の杉本も岡山県立大学に勤務しており，一部の執筆と編集を担当した。そのような縁があって，その後，杉本が監修を引き継ぎ，2015年に「新・はじめて学ぶ社会福祉」のシリーズを刊行していただいた。

　この度の新シリーズ刊行は，これまでの取り組みをベースに，ちょうど社会福祉士の新しく改正されたカリキュラムが始まることに対応して新しいシラバスにも配慮しつつ，これからの社会福祉について学べるように改訂し，内容の充実を図るものである。また，これまでのシリーズは社会福祉概論や老人福祉論といった社会福祉の中核に焦点を当てた構成をしていたが，今回のシリーズにおいては，いままで以上に社会福祉士の養成を意識して，社会学や心理学，社会福祉調査等の科目もシリーズに加えて充実を図っているのが特徴である。

　なお，これまでの本シリーズの特徴が，①初心者にもわかりやすく社会福祉を説明する，②社会福祉士，精神保健福祉士，介護福祉士，保育士等の養成テキストとして活用できる，③専門職養成の教科書にとどまらないで社会福祉の本質を追究する，ということであった。この新しいシリーズでも，これらの特徴を継続することを各編集者にはお願いをしているので，これから社会福祉を学ぼうとしている人びとや学生は，そのような視点で社会福祉を学べるものと思う。

　21世紀になり，社会福祉も「地域包括」や「自助，互助，共助，公助」と

いった考え方をベースにして展開が図られてきた。そのような流れの中で，社会福祉士や精神保健福祉士もソーシャルワーカーとしての働きを模索，展開してきたように思うし，ソーシャルワーカー養成も紆余曲折を経ながら今日に至ってきた。複雑多様化する生活問題の解決を，社会がソーシャルワーカーに期待する側面もますます強くなってきている。さらには，社会福祉の専門職である保育士や介護福祉士がソーシャルワークの視点をもって支援や援助を行い，社会福祉士や精神保健福祉士と連携や協働が必要な場面が増加している。それと同時に，社会福祉士や精神保健福祉士としての仕事を遂行するのに必要な知識や技術も複雑，高度化してきている。社会福祉士の養成教育の高度化が求められるのも当然である。

　このまえがきを執筆しているのは，2021年1月である。世の中は新型コロナが蔓延しているまっただ中にある。新型コロナは人びとの生活を直撃して，生活の困難が拡大している。生活の困難に対応する制度が社会福祉の制度であり，それを中心となって担うのが社会福祉の専門職である。各専門職がどのような役割を果たすのかが問われているように思う。

　新型コロナはいずれ終息するであろう。その時に，我々の社会や生活はどのような形になるのであろうか。人びとの意識はどのように変化しているのであろうか。また，そのような時代に社会福祉の専門職にはどのようなことが期待されるのであろうか。まだまだよくわからないのが本当であろうが，我々は社会福祉の立場でこれらをよく考えておくことも重要ではないかと思われる。

　2021年1月

監修者　杉本敏夫

目　　次

シリーズ刊行によせて

プロローグ　高齢者福祉を学ぶにあたって ······················· 1

第Ⅰ部　高齢者を取り巻く社会環境と高齢者の生活についての理解

第1章　高齢者を取り巻く社会環境 ······························· 10
　　1　高齢者の定義 ··· 10
　　2　超高齢社会の到来と将来 ······························ 12
　　3　近年注目される社会的課題 ··························· 19
　　コラム　現代の高齢者福祉の理念　25

第2章　高齢者の特性と生活ニーズ ······················· 27
　　1　高齢者の身体的特性と変化 ··························· 27
　　2　高齢者の心理・精神的特性と変化 ················ 30
　　3　高齢者の社会生活の状況 ······························ 34

第3章　高齢者福祉の歴史 ····································· 41
　　1　第二次世界大戦前の高齢者福祉 ···················· 42
　　2　第二次世界大戦後の高齢者福祉 ···················· 44
　　3　平成以降の高齢者福祉 ································· 49

第Ⅱ部　高齢者の生活にかかわる法制度の仕組み

第4章　介護保険法················54

1 介護保険制度の目的と基本理念·······54

2 介護保険制度の具体的内容··········58

3 保険給付と介護保険事業計画········65

コラム　介護保険施行20年からケアマネジメントを考える　71

第5章　介護保険法における地域支援事業·········73

1 地域支援事業の概要···········73

2 包括的支援事業について········77

3 包括的支援事業の方向性·········79

コラム　これまでとこれからの地域包括支援センター　84

第6章　老人福祉法················85

1 老人福祉法の目的と基本理念········85

2 老人福祉法の実施体制···········88

3 老人福祉法に基づく措置··········91

第7章　高齢者に関する医療保障制度·······94

1 高齢者に対する医療を取り巻く環境·······94

2 高齢者医療確保法の概要··········96

3 高齢者に対する医療保障制度の課題·······99

コラム　高齢者の医療費はどれくらいかかるの？　102

第8章　高齢者虐待を防止するための法制度 と取り組み……………………………………………………… 103

1 高齢者虐待の現状 ……………………………………………………… 103

2 高齢者虐待防止法の概要 …………………………………………… 106

3 高齢者虐待の予防・防止に向けた取り組み ……………………… 109

コラム　養護者の想いにどれだけ寄り添えるか　111

第9章　高齢者の社会参加を促進するための法制度 113

1 高齢者の社会参加の現状 …………………………………………… 113

2 バリアフリー法の概要 ……………………………………………… 118

3 高齢者の社会参加を促進するための諸施策における課題……… 121

コラム　誰もが暮らしやすいまちづくりを目指して　124

第10章　高齢者の住まいを保障するための法制度…… 125

1 高齢者の生活と住まい ……………………………………………… 125

2 高齢者の住まいを取り巻く動向 …………………………………… 127

3 高齢者の住まいに関する法制度の概要…………………………… 130

4 高齢者のための居住支援における課題…………………………… 134

コラム　高齢者にとって安心な住まいの確保と生活支援　138

第11章　高齢者と家族の雇用を支えるための 法制度………………………………………………………………… 139

1 高齢者と家族の雇用環境を取り巻く現状 ………………………… 139

2 高齢者と家族の雇用にかかわる法制度…………………………… 142

3 高齢者と家族における雇用対策の課題…………………………… 144

コラム　介護離職によって生じる生活上の課題　147

第Ⅲ部　高齢者と家族を支える支援体制の実際

第12章　高齢者と家族を支える関係機関················150

1 介護保険法の関係機関·················150

2 老人福祉法の関係機関·················154

3 その他の関係機関·················155

第13章　高齢者と家族を支える専門職·················160

1 福祉分野の専門職の役割·················160

2 保健・医療分野の専門職の役割·················164

3 その他の活動者·················167

4 チームケア·················168

第14章　高齢者と家族を支援するための
　　　　　　ソーシャルワーク·················173

1 高齢者領域におけるソーシャルワーカー（社会福祉士）の役割···173

2 認知症高齢者を支えるソーシャルワークの実際·················180

3 家族を支えるソーシャルワークの実際·················183

エピローグ　これからの高齢者福祉·················191

1 高齢者福祉施策の今後の動向·················191

2 地域包括ケアシステムから地域共生社会へ·················193

3 これからの高齢者福祉の課題と展望·················197

あとがき

さくいん

プロローグ

高齢者福祉を学ぶにあたって

（1）高齢者福祉を学ぶ

　少子「高齢化」社会という言葉が，使われて久しい。おそらく多くの人がこの言葉を知っているだろう。わが国の高齢者数は，2020（令和2）年時点において約3619万人，高齢化率は28.8％で，およそ3.5人に1人が65歳以上となっている……というような話はどこかで耳にしたことがあるのではないだろうか。本書が出版される2022（令和4）年以降も，人口の高齢化は緩やかに進行していく。そして，実は，総人口そのものは，急激に減少している。2019（令和元）年から2020（令和2）年の1年間で約50万人が減少している労働力人口減少社会なのである。

　1963（昭和38）年に制定された老人福祉法をもとに発展してきた高齢者福祉の介護は，2000（平成12）年に介護保険制度として再編成された。ドイツ介護保険に倣って，日本でも介護サービスの外部化が行われた。措置から契約への転換がなされ，介護サービスは普遍的なものへと変化し，多くの人が必要な介護サービスを利用できるようになった。この変化は社会福祉全体に大きな変化を及ぼした。たとえば，クライエント観については，社会的弱者から，一人の利用者ととらえられるようになった。サービス提供の目標は，保護から自立支援に転換された。サービス提供の仕組みとして，措置から契約によるサービス提供への転換が行われた。支援を幅広く行うことが望ましいという考え方から，自助，互助，共助，公助の組み合わせで福祉を進めることが望ましいと考えられるようになった。生活困窮者対策では日本国憲法第25条に規定されている「健康で文化的な最低限度の生活」が重視されるが，ケアサービスにおいては，

生活の質（QOL）や尊厳が重視されるようになった。ソーシャルワークの実践においては，エンパワメントやストレングス・アプローチといった形でサービス利用者の自立や生活力強化が重視されるようになった。

2000（平成12）年当時で全国で約55万人いた介護職員は，2020（令和2）年には約200万人を超えるまでに増えている。介護サービスの利用が拡大するということは，介護人材不足の問題に直結している。団塊の世代（第1次ベビーブーム世代）の人たちが75歳以上の後期高齢者となる2025年には，介護職員が約32万人不足し，2040年には約69万人不足することが厚生労働省から公表された。[^(1)]介護人材不足の深刻化は，高年齢者の雇用継続や介護ロボットの活用，業務の効率化，外国人介護人材の議論を活発化させている。具体的には，①介護職員の処遇改善，②多様な人材の確保・育成，③離職防止・定着促進・生産性向上，④介護職の魅力向上，⑤外国人材の受入環境整備等，総合的な介護人材確保対策が目指されている。このように，高齢者介護の動向が，今や多くの人々の生活や人生に大きな影響を与えるようになっている。

さて，この本を手にしている読者は，何らかの形で高齢者福祉に関心がある人や高齢者福祉を学ぶ必要のある人だろう。では，「高齢者福祉とは何か？」という問いに対して，何が思い浮かぶだろうか。ある人は，高齢者を対象とした社会福祉実践や高齢者福祉に関連する法律や制度を思い浮かべるかもしれない。高齢者福祉においてもミクロの視点やマクロの視点は重要である。別の人は，認知症高齢者をはじめとする介護や介護者支援のイメージかもしれない。2018（平成30）年度現在で，要介護・要支援認定を受けた人は，約645万人いる。介護に関する問題は，今や国民的な課題であり，関心事となっている。また，地域包括支援センターの職員や介護支援専門員，生活支援コーディネーターを思い出し，地域を基盤としたソーシャルワークやケアマネジメントという答えがあるかもしれない。さらには，アクティブ・エイジングに代表される高齢者の社会参加の促進や高齢者の雇用問題，増え続けている高齢者虐待に対する対応といった様々な答えがあろう。どれもが正解であり，かつ，どの答えも高齢者福祉を一言で言い表すことはできてはいない。

今日的に高齢者福祉は，制度としても，実践としても，多様に専門分化，進

化している。実体概念としての高齢者福祉を一言で表現することは困難なのか
もしれない。だから，高齢者福祉の基礎的な知識をもち，基本的な教養を身に
つける必要がある。これが本書の役割である。なお，すでにいくつかの専門
キーワードが登場したが，これらの説明は，本書の中にある。

　本書は，基本的には初学者を対象としている。そして，現在，高齢者福祉に
従事している人，高齢者施設の施設長や介護サービス事業所の管理者，自分自
身が高齢期にある人やその家族，地域で認知症カフェやボランティア，介護予
防活動に携わっている人等に読んでいただきたい。さらには，医師，看護師，
保健師，理学療法士，作業療法士等といった高齢者を支える医療専門職，地域
包括ケアシステム構築に取り組んでいる高齢者福祉の行政職員，高齢者の支援
を行っている公認心理師をはじめとする心理専門職等にも読んでいただきたい
内容となっている。なぜなら，2000（平成12）年に介護保険制度がスタートし
ているものの，地域包括ケアシステムの構築のためには，保健・福祉・医療の
専門職相互の多職種連携，さらにはボランティア等の住民活動も含めた連携に
よって，地域の様々な社会資源を統合する包括的なケアが求められているから
である。地域包括ケアシステムは，「介護・リハビリテーション」「医療・看
護」「保健・予防」「生活支援・福祉サービス」「住まいと住まい方」の5つか
ら構成され，専門職によるサービスも多いからである。また，社会福祉士養成
に焦点化すれば，2018（平成30）年に出された報告書[2]では，「地域共生社会の実
現を推進し，新たな福祉ニーズに対応するためのソーシャルワークの専門職養
成」が謳われている。いうまでもなく本書は，2021（令和3）年より導入され
ている社会福祉士の新しい教育内容に対応している。

　高齢化と労働力人口の減少は，今後とも進行していくと考えられる。高齢者
を取り巻く社会の状況，社会的な背景は大きく変化し，高齢者の福祉に影響を
与えている。高齢者の心身の変化や高齢者福祉を理解しながら，高齢者福祉の
法律・制度と援助実践を理解していく姿勢が求められている。そのキーワード
は「地域包括ケア」「地域共生社会」であろう。これらを念頭に置きながら，
すべての高齢者が安心して暮らすことができ，自分らしい生き生きとした暮ら
しを送ることができるように，高齢者福祉を学んでもらいたい。

（2）本書が示す高齢者福祉

　本書の全体像を紹介する。本書は，3部構成で，14の章とプロローグ，エピローグで構成されている。各章には学びのポイントが示されている。キーワードとその意味をしっかり確認してもらいたい。さらに章末には，章で扱った内容を事後学習する観点から「学習課題」が出されているので取り組んでもらいたい。

　第1章では，現代的な高齢者の定義，高齢社会の行方と世帯状況，老老介護，孤立死，8050問題，ダブルケア等について述べている。日本老年学会・日本老年医学会は，65歳以上を高齢者とする定義を見直し，65歳以上74歳未満を「准高齢者」，75歳以上を「高齢者」とする提言を行っている。人口の高齢化や長寿化，定年の引き上げ，65歳以降の雇用問題という観点から，その意義を考えてもらいたい。

　第2章は，加齢に伴う心身の変化，廃用症候群とフレイル（虚弱）の予防，高齢者世帯の増加とその社会状況や経済状況等について述べている。老化の特徴は，個人差が大きいという点である。加齢とともに，すべての高齢者が一様に要介護状態になっていくという理解は間違いである。認知症や高齢期に現れやすい精神障害についても理解を深めてもらいたい。認知症を理解するうえで，中核症状と行動・心理症状（BPSD）は，基本用語である。介護予防の観点からも，加齢に伴う心身の変化を正しく理解することが大切である。

　第3章では，高齢者福祉の歴史が述べられている。現代の高齢者福祉を理解し，よりよい未来を考えていくには，歴史を知ることが重要である。本文でも述べられているように，世界的にみれば日本の高齢者福祉は，介護保険を中心にかなりの高水準であり，アジア各国からも注目を浴びている。しかしながら，はじめから今日のように整っていたわけではなく，高齢者の生活を支えるのは家族の役割であると考えられている時代があった。社会福祉は，貧困対策の一環としてスタートした部分もあり，明治の恤救規則，大正の救護法，昭和の（旧）生活保護法，生活保護法を経て，1963（昭和38）年の老人福祉法の成立，1997（平成9）年の介護保険法の成立に続いている流れを理解してもらいたい。日本で最初の養老施設は1885（明治18）年に登場している。聖ヒルダ養老院と

いう名前から後に続いた養老施設も養老院という名称が使用された。老人福祉法が制定されてからは，特別養護老人ホーム，養護老人ホーム，軽費老人ホームという老人ホームという名称に変わった。昭和50年代以降，ホームヘルプサービスにデイサービスとショートステイが加わり，在宅福祉の3本柱の時代が到来する。平成になり，「高齢者保健福祉推進10か年戦略（ゴールドプラン）」と「老人福祉法等の一部を改正する法律」等により高齢者福祉サービスの量的拡大が飛躍的に進められた。1990年代以降，家族に負わされていた高齢者の介護責任を社会の責任とする介護保険の準備が進められ，ケアマネジメントを特徴とする介護保険制度が制定された。そして，介護保険の改正，新オレンジプラン，社会福祉法の改正に伴う地域共生社会の創生という流れに続いている。

　第4章は，介護保険制度の仕組みについて述べている。これまでに約3年ごとに改正が繰り返されている。2003（平成15）年からは施設サービス利用者から食費・滞在費の負担を求めるようになっている。2006（平成18）年からは介護予防という考え方が明確に打ち出された地域支援事業がはじまり，包括的支援事業の委託先としての地域包括支援センターが全国で設置され，活動している。2012（平成24）年からは地域包括ケアという考え方が登場している。この考え方の延長線上にあるのが，地域共生社会である。詳しくはエピローグを参考にしてもらいたい。2018（平成30）年からは所得の高い利用者は3割負担という仕組みが導入されている。また，障害者との共生型サービスが登場している。2021（令和3）年の改定では，「感染症や災害への対応力強化」を図るとともに，団塊の世代のすべてが75歳以上となる2025年に向けて，高齢化のピークである2040年を見据えた制度設計が検討されている。介護保険においては，①保険者と②被保険者，③介護保険料，④介護保険の給付（介護給付と予防給付）の4つを軸としてしっかりと理解を深めてもらいたい。

　第5章は，地域支援事業について述べられている。地域支援事業は，介護保険法に基づく事業である。介護給付や予防給付といった要介護者・要支援者への保険給付とは別の「介護保険制度における市町村による事業」である。まずは，地域支援事業の概要をしっかりと理解し，そのうえで介護予防・日常生活支援総合事業と包括的支援事業について理解を深めてもらいたい。2025年には

第1次ベビーブーム世代が75歳以上となることを背景として，住み慣れた地域で医療，介護，予防，住まい，生活支援サービスを一体で受けられる「地域包括ケアシステム」の構築が求められていること，「包括的支援事業」の実施機関である地域包括支援センターについてしっかりと理解してもらいたい。2015（平成27）年度からは地域支援事業を充実させるために，包括的支援事業に新しく「在宅医療・介護連携推進事業」「生活支援体制整備事業」「認知症総合支援事業」「地域ケア会議推進事業」が位置づけられている。

　第6章は老人福祉法である。老人福祉法は，高齢者福祉対策を総合的に体系化していく方向性を有した法律として，1963（昭和38）年に施行された。高齢者福祉事業及び実施主体の基本原則を規定した法律であり，今日的には，実施体制として，7つの老人福祉施設と6つの老人居宅生活支援事業，有料老人ホームに関する規定，老人福祉計画，福祉の措置に関する事項等を定めている。2000（平成12）年，介護保険法の施行により主として高齢者介護を担う役割は介護保険法に移行したが，高齢者虐待等やむを得ない事由で契約方式によるサービスの利用が困難な場合は，老人福祉法による措置の対象となる。介護保険法ができたからといって，老人福祉法の役割がなくなったわけではない。

　第7章では，日本の医療保障制度の歴史的変遷について概括している。高齢者に関する医療保障制度がどのように形作られてきたのかを理解することができる。医療保障制度の特徴を押さえたうえで，後期高齢者医療制度の概要をしっかりと理解してもらいたい。後期高齢者医療制度は，原則75歳以上を対象とした独立した医療保険である。この制度は，都道府県ごとに設立する後期高齢者医療広域連合が運営主体となっている。また，後期高齢者医療制度の被保険者（対象者）は，75歳以上の者，もしくは65歳以上であり一定の障害の状態にあり，後期高齢者医療広域連合の認定を受けた者である。高齢者に対する医療保障制度は，地域包括ケアシステムの構築に結びついており，人材確保や財政上の課題がある。近年，健康寿命の延伸ということが盛んにいわれ，生活習慣病の予防と介護予防の一体的な取り組みが強調されているところである。

　第8章では，高齢者虐待防止法とその取り組みについてまとめられている。まずは，高齢者虐待防止法の概要をしっかりと理解してもらいたい。そのうえ

で現在の高齢者虐待の動向について理解を深めることが大切である。被虐待者の状況，虐待の発生要因といった傾向を把握し，地方公共団体の役割，発見した場合の通報，虐待対応の流れについて述べている。

　第9章は，高齢者の社会参加について述べている。エピローグにあるアクティブ・エイジングの考え方を押さえておくとより理解が深まるであろう。バリアフリー法やユニバーサルデザインによって高齢者の社会参加が促進されている。高齢社会対策基本法，高齢社会対策大綱についても読み進めてもらいたい。

　第10章は，住まい（より狭義には居住支援，住宅政策）という点から，高齢者福祉を考えてもらいたい。地域包括ケアシステムを支える居住支援の観点から，2001（平成13）年に施行された高齢者の居住の安定確保に関する法律（高齢者住まい法）は重要である。2011（平成23）年に高齢者住まい法が全面的に改正され，「高齢者円滑入居賃貸住宅（高円賃）」「高齢者専用賃貸住宅（高専賃）」「高齢者向け優良賃貸住宅（高優賃）」が「サービス付き高齢者向け住宅」として一本化されている。介護保険施設，有料老人ホーム，サービス付き高齢者向け住宅，特定施設入居者生活介護の関係は読者にとってもわかりにくいところの一つであろう。頑張って学習してもらいたい。

　第11章は，高齢者・家族の雇用を支えるための法制度について述べている。高齢者とその家族を支える高年齢者雇用安定法と育児・介護休業法の概要についてしっかりと理解を深めてほしい。介護と仕事の両立が困難となって，家族の介護を理由に仕事を辞める介護離職の問題も近年，注目されている。介護離職者数は，毎年10万人前後の数で推移している。介護離職の問題は，少子高齢化により労働力人口の減少が見込まれる中で，労働力不足の問題をより深刻化させる。また，離職することにより，経済的な基盤を失うこと等が，理解のポイントである。介護離職を防止するには，長時間労働の是正，介護休業や介護休暇といった制度が利用しやすい職場環境を創り上げる，働き方改革やワークライフバランスが求められている。

　第12章は，高齢者と家族を支える関係機関について述べている。行政，介護サービスを提供する居宅サービス事業者，地域包括ケアの拠点でもある地域包

括支援センター，各種社会保障制度の運用をサポートする国民健康保険団体連合会，高齢者の雇用や生きがいを支えるハローワーク，シルバー人材センターについて解説している。

　第13章は，高齢者と家族を支える専門職に焦点を当てている。福祉の国家資格である社会福祉士，介護福祉士，精神保健福祉士，またケアマネジメントを行う介護支援専門員，行政のワーカーの基礎資格であり，生活相談員等の基礎資格ともなる社会福祉主事，介護職員について，法律的な位置づけや役割を確認してもらいたい。さらにこの章ではチームケア，多職種連携を推進する地域ケア会議（第5章，エピローグも参照），サービス担当者会議，カンファレンスの重要性についてもあらためて述べている。

　第14章は，高齢者と家族を支援するためのソーシャルワークについて述べている。わが国で重要度が増している「地域を基盤としたソーシャルワーク」について理解を深めてもらいたい。これはジェネラリスト・ソーシャルワークを理論的な基盤としている。より具体的には，地域包括支援センターによる総合相談を例に挙げて解説している。ここでも多職種連携とチームアプローチを挙げ，介護予防に対するソーシャルワーカーの視点，認知症高齢者を支えるソーシャルワーク，家族を支えるソーシャルワークの事例を紹介している。

注
(1)　厚生労働省社会・援護局（2021）「第8期介護保険事業計画に基づく介護職員の必要数について」。
(2)　厚生労働省社会保障審議会福祉部会福祉人材確保専門委員会（2018）「ソーシャルワーク専門職である社会福祉士に求められる役割等について」。

第 I 部

高齢者を取り巻く社会環境と
高齢者の生活についての理解

第1章

高齢者を取り巻く社会環境

　本章では，わが国の置かれている高齢社会の現状をとらえる。高齢者を取り巻く社会の現状を，まずは数値で理解する。さらに，高齢化の状況をより具体的に理解するために，高齢化が進む要因をみていく。そのうえでこうした高齢者を取り巻く社会的環境を解説し，そこに生じる問題を具体的に示した。用語の理解だけにとどまらず，自身が居住する地域や家族・親族などと比較するなどして理解を深めてほしい。

1　高齢者の定義

　高齢者の用語は，国や制度，文脈ごとに異なり，一律の定義はない。世界保健機関（WHO）においても明確な高齢者の定義づけはされていないが，一部の国では60歳以上とする国もあり，わが国を含む先進国では統計処理や制度の扱いにおいて，一般的に65歳以上という基準が用いられている。このような基準が用いられるようになったのは，1956（昭和31）年の国際連合（国連）の報告書において，当時の欧米先進国の水準をもとにして，全人口に占める65歳以上の割合を算出し，7％以上の社会を「高齢化（aging）」社会と呼んだことに由来するとされている。こうしてわが国では，一般的に65歳以上の者を高齢者として位置づけ，高齢化に対応するための仕組みを社会的に構築してきた。詳細をみてみると，法律により明文化されている「高齢者虐待の防止，高齢者の養護者に対する支援等に関する法律」（高齢者虐待防止法）では，65歳としている。その他，老人福祉法，介護保険法は定義を明確には示していないものの，その

内容からは65歳以上の者と読み取れる。

　前述の国連の報告書が発行された頃は，わが国の平均寿命は男性63歳，女性67歳程度であり，おおむね平均寿命を迎えた人が高齢者と呼ばれていたことになる。その平均寿命は現在では，男女ともに80歳を超えており（男性81.64年，女性87.74年）[1]，60年間あまりの間に約20年も伸びている。この長い高齢期をさらに分けて，65歳以上75歳未満を前期高齢者，75歳以上を後期高齢者として区分する考え方がある。それは，前者と後者ではもっているニーズが異なるからである。つまり前期高齢者はまだ元気な人たちが多いのに対して，後期高齢者では心身の機能が低下し，以前通りの活動ができにくくなり，医療や介護を受ける可能性が高まるためである。「高齢者の医療の確保に関する法律」（医療確保法）においてこの区分が用いられている。

　このように変化する中で，人々は高齢者をどのようにとらえているだろうか。40歳以上の男女を対象に，何歳から高齢者になると思うかを尋ねた2016（平成28）年の「高齢社会に関する意識調査」（厚生労働省）では，「70歳以上」もしくはそれ以上または「年齢は関係ない」とする者が7割と多くを占めており，年齢階級別では年齢を重ねるほどその年齢は上がる傾向にあった[2]。近年，個人差はあるものの，このような国民の意識や高齢者の客観的な体力の若返りの双方から，65歳からを一律に高齢者とみなすとらえ方について，現状に合わなくなっているとし，高齢者の定義を見直す議論がある。

　こうした中，日本老年学会・日本老年医学会は2017（平成29）年に高齢者の定義と区分について提言している[3]。高齢者を加齢に伴う心身の健康度の低下（老化現象）が生じる割合が高い集団とし，心身の老化現象の出現のありようを根拠にして，75歳以上を高齢者の新たな定義とすることを提案した。65歳以上74歳未満を「准高齢者・准高齢期」，75歳以上を「高齢者・高齢期」，高齢者の中で超高齢者の分類を設ける場合には，90歳以上を「超高齢者・超高齢期」として呼称するとした。またこの提言を，単に学問的議論にとどまらず，社会的にも保健医療的にも大きな意義があるとしている。

　さらには高齢社会対策大綱（2018年閣議決定）においても，65歳以上を一律に高齢者とみる一般的な傾向が現実的なものではなくなりつつあるとしたうえで，

70歳以上でも個々人の意欲や能力が発揮できる社会環境づくりを推進するとした基本方針が示されている。[4]

2　超高齢社会の到来と将来

（1）人口の高齢化の特徴

　人口の高齢化とは，総人口に占める65歳以上人口の割合が増加していることをいう。この割合を高齢化率と呼ぶ。わが国の高齢者数は，2021（令和3）年時点において3621万人，高齢化率は28.9%であり，およそ3.5人に1人が65歳[5]以上と高い人口規模となっている。第二次世界大戦後には増加が続いていた総人口は，2008（平成20）年にピークに達し，その後は減少局面に転じ，長期の人口減少過程に入っている。2020（令和2）年現在で約1億2600万人の総人口は今後も減少を続け，2050年代には1億人を割り込むと推計されている。年齢3区分では，1980年代以降，年少人口（14歳以下）が，また，2000年代に入って生産年齢人口（15〜64歳）の割合は低下し，老年人口（65歳以上）の割合の上昇が続いている。こうして総人口が減少する中で，65歳以上人口が2042年以降減少に転じると推計されているが，一方で生産年齢人口は大幅に減少するため，2065年頃までに高齢化率は38.4%となり，2015（平成27）年と比べて10%程度も上昇することが見込まれている（図1-1）。

　高齢者人口を細分化してみると，近年は後期高齢者人口が急増している。人口推計（総務省統計局）によると，後期高齢者数は1995（平成7）年では717万人であったものが，2020（令和2）年時点で，1860万人の約2.6倍になっている。また，2018（平成30）年には後期高齢者数が前期高齢者数をはじめて上回った。[6]

　介護保険制度における要介護または要支援の認定を受けた人数は，2019（令和元）年度では655万8000人であり，2009（平成21）年度から約1.4倍に伸びている（図1-2）。また，高齢者（第1号被保険者）に占める要介護等認定者の割合は，前期高齢者では要支援1.4%，要介護2.9%であるのに対し，後期高齢者では，要支援8.8%，要介護23%となっており，75歳以上の割合が大きく上昇[7]し，高年齢になるほどに介護が必要になるリスクが高まることがわかる。今後

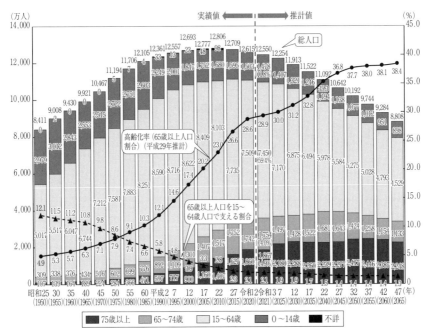

図 1 - 1　高齢化の推移と将来推計

資料：棒グラフと実線の高齢化率については，2020年までは総務省「国勢調査」（2015年及び2020年は不
　　　詳補完値による。），2021年は総務省「人口推計」（令和 3 年10月 1 日現在（令和 2 年国勢調査を基準
　　　とする推計値）），2025年以降は国立社会保障・人口問題研究所「日本の将来推計人口（平成29年推
　　　計）」の出生中位・死亡中位仮定による推計結果。

注 1 ：2015年及び2020年の年齢階級別人口は不詳補完値によるため，年齢不詳は存在しない。2021年の年
　　　齢階級別人口は，総務省統計局「令和 2 年国勢調査」（不詳補完値）の人口に基づいて算出されてい
　　　ることから，年齢不詳は存在しない。2025年以降の年齢階級別人口は，総務省統計局「平成27年国勢
　　　調査　年齢・国籍不詳をあん分した人口（参考表）」による年齢不詳をあん分した人口に基づいて算
　　　出されていることから，年齢不詳は存在しない。なお，1950～2010年の高齢化率の算出には分母から
　　　年齢不詳を除いている。ただし，1950年及び1955年において割合を算出する際には，（注 2 ）におけ
　　　る沖縄県の一部の人口を不詳には含めないものとする。

注 2 ：沖縄県の昭和25年70歳以上の外国人136人（男55人，女81人）及び昭和30年70歳以上23,328人（男
　　　8,090人，女15,238人）は65～74歳，75歳以上の人口から除き，不詳に含めている。

注 3 ：将来人口推計とは，基準時点までに得られた人口学的データに基づき，それまでの傾向，趨勢を将
　　　来に向けて投影するものである。基準時点以降の構造的な変化等により，推計以降に得られる実績や
　　　新たな将来推計との間には乖離が生じ得るものであり，将来推計人口はこのような実績等を踏まえて
　　　定期的に見直すこととしている。

注 4 ：四捨五入の関係で，足し合わせても100％にならない場合がある。

出所：内閣府（2022）『令和 4 年版高齢社会白書』 4 頁。

　さらに要介護高齢者の増加が見込まれ，それを支える社会保障にかかる費用や
介護人材の需要も拡大すると思われる。

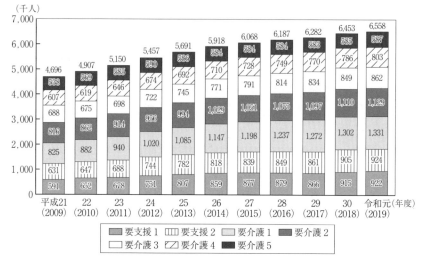

図1-2　第1号被保険者の要介護度別認定者数の推移

資料：厚生労働省「介護保険事業状況報告（年報）」。
注：平成22（2010）年度は東日本大震災の影響により，報告が困難であった福島県の5町1村（広野町，
　　楢葉町，富岡町，川内村，双葉町，新地町）を除いて集計した値。
出所：内閣府（2022）『令和4年版高齢社会白書』28頁。

（2）高齢化の速度

　わが国の高齢化率の推移は，1950（昭和25）年には5％未満であったものが，20年後の1970（昭和45）年には7％を超え「高齢化社会（aging society）」へと進んだ。さらに，1994（平成6）年には14％を超え「高齢社会（aged society）」へと急速な変化が生じ，その後2007（平成19）年には21.5％となり超高齢社会（super aging society）と呼ぶべき状況となった。今後の推移をみると，2025年には30％となり，2065年には38.4％になると予測されている（前掲図1-1）。

　現在，こうしたわが国の高齢化率は，世界で最も高い水準になっている（図1-3）。高齢化の速度を示す倍加年数は，わが国は24年であり，高齢化率は急速なスピードで7％から14％に到達した。諸外国はフランスが126年と最も長く，比較的短いドイツが40年である。一方アジア諸国においては，韓国18年，シンガポール17年など，わが国を上回るスピードで高齢化が進んでいる（図1-4）。

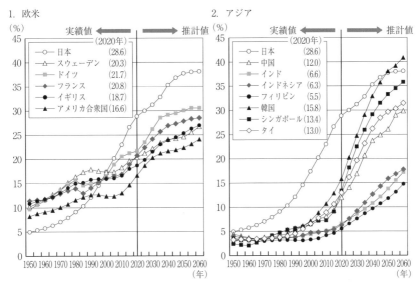

図 1 - 3　高齢化率の国際比較

資料：UN, World Population Prospects: The 2019 Revision.
　　　ただし日本は，2020年までは総務省「国勢調査」，2025年以降は国立社会保障・人口問題研究所
　　　「日本の将来推計人口（平成29年推計）」の出生中位・死亡中位仮定による推計結果による。
出所：内閣府（2022）『令和 4 年版高齢社会白書』 7 頁。

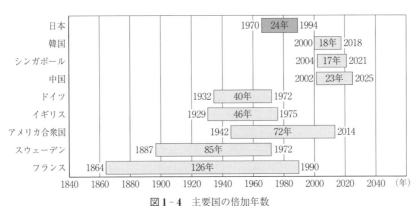

図 1 - 4　主要国の倍加年数

資料：国立社会保障・人口問題研究所「人口統計資料集」（2021年）。
注：1950年以前は UN, The Aging of Population and Its Economic and Social Implications（Population
　　Studies, No. 26, 1956）及び Demographic Yearbook，1950年以降は UN, World Population Prospects:
　　The 2019 Revision（中位推計）による。ただし，日本は総務省統計局「国勢調査」，「人口推計」によ
　　る。1950年以前は既知年次のデータを基に補間推計したものによる。
出所：内閣府（2022）『令和 4 年版高齢社会白書』 8 頁を参考に筆者作成。

（3）高齢化の要因

　わが国は，人口に占める高齢者の割合が増加する「高齢化」と，出生率の低下により若年者人口が減少する「少子化」が同時に進行し急速に少子高齢化が進んでいることが特徴である。

　平均寿命とは，0歳児が平均で何年生きられるかを表した統計値であるが，およそ70年前には，男女ともに60年程度であったものが，その後は伸び続け，2020（令和2）年には，女性87.74年，男性81.64年[9][10]となっている。近年，わが国の平均寿命は国際的にもトップクラスの水準を保ちつつ，さらに伸び続けている点が特徴である。そしてこのような長寿化が飛躍的に進んだ背景として，食生活・栄養改善などの生活環境が向上したこと，医療技術の進歩や医療保険制度の整備などにより死亡率が低下したことが挙げられる。

　次に少子化についてみてみる。出生数は，第1次ベビーブーム（1947〜1949年生まれ）及び第2次ベビーブーム（1971〜1974年生まれ）の2つの人口増の山を経て，減少傾向である。「合計特殊出生率」は，出生力の主な指標であり，一般的には，一人の女性が生涯に産む子どもの数を表す。わが国の合計特殊出生率は，2005（平成17）年に過去最低の1.26となり，その後緩やかな上昇傾向にあったが，ここ数年減少傾向となっており，2020（令和2）年は1.33[11]と依然として低い水準となっている。合計特殊出生率は第2次ベビーブーム以降，人口置換水準[12]を下回り続けている。

　このように少子化の進行は，人口減少をもたらし，さらに高齢者人口の比率を押し上げることとなり，高齢化を加速させる要因にもなっている。少子化が進んだ背景としては，非婚化，晩婚化，出生数の減少などが挙げられるが，さらにその背景要因として子育て支援の不足など様々な指摘がされている。

（4）世帯の動向

　近年では，高齢者の一人暮らし（独居）の増加が顕著である。こうした背景には，産業構造やライフスタイルの変化に伴う世帯の核家族化，長寿化に伴う寡婦・寡夫期間の長期化や生涯未婚者の増加を挙げることができる。

　日常生活を営む小集団の単位である世帯についてみてみると，2019（令和元）

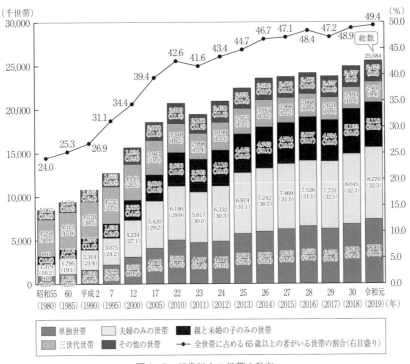

図 1 - 5　65歳以上の世帯の動向

資料：昭和60年以前の数値は厚生省「厚生行政基礎調査」，昭和61年以降の数値は厚生労働省「国民生活
　　基礎調査」による。
注 1 ：平成 7 年の数値は兵庫県を除いたもの，平成23年の数値は岩手県，宮城県及び福島県を除いたもの，
　　平成24年の数値は福島県を除いたもの，平成28年の数値は熊本県を除いたものである。
注 2 ：（　）内の数字は，65歳以上の者のいる世帯総数に占める割合（％）。
注 3 ：四捨五入のため合計は必ずしも一致しない。
出所：内閣府（2022）『令和 4 年版高齢社会白書』 9 頁。

年現在で65歳以上の者のいる世帯は，2558万4000世帯であり，全世帯の49.4％
を占めている。その世帯構造は，夫婦のみ世帯（65歳以上の者のいる世帯の
32.3％）が一番多く，単独世帯（65歳以上の者のいる世帯の28.8％）と合わせて約
6 割を占めている（図1-5）。また，65歳以上の一人暮らしの者は男女ともに
増加傾向であり，2020（令和 2 ）年では65歳以上人口に占める割合は男性
15.0％，女性22.1％となっている。

　国立社会保障・人口問題研究所の将来推計によると，2015（平成27）～2040

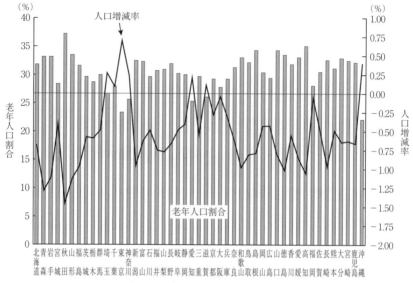

図1-6　高齢化の地域差と人口減少

資料：総務省統計局「人口推計（2019年（令和元年）10月1日現在）」。
注：人口増減率は平成30年10月〜令和元年9月，老年人口割合は令和元年10月1日現在である。
出所：厚生労働統計協会編（2021）『図説　国民衛生の動向　2021/2022』27頁。

年の推移は，世帯主が65歳以上の世帯のうち最も増加率が高い世帯は単独世帯の1.43倍である。さらには75歳以上の世帯のうちでは単独世帯が1.52倍となると見込まれており，単独世帯の増加と高齢化が同時並行により進むことが予測されている。

（5）高齢化の地域差

　高齢化の状況は地域差がみられる。2019（令和元）年現在の都道府県別の高齢化率の状況は，秋田県が37.2％と最も高く，次いで高知県，島根県など28道県で30％以上となっている。最も低いのは沖縄県であり，次いで東京都，愛知県，神奈川県などである。今後，大都市圏に属する都府県で65歳以上人口は急増する見通しとなっており，高齢化は全国的に広がりをみることとなる。
　また，高齢化の地域差は人口増減率とも密接に関係しており，高齢化率の高い都道府県ほど人口増減率がマイナス傾向にある（図1-6）。

3　近年注目される社会的課題

　高齢期における生活は，健康状態や社会環境に大きく影響を受け，生活困難が生じやすい。ここでは，高齢者の孤立と8050問題，老老介護，ダブルケア，ヤングケアラーの問題を取り上げ概観する。

（1）高齢者が抱える困難

　先にも述べた世帯規模の縮小は家族の機能に影響を及ぼし，情緒的サポートや手段的サポート[15]を受けにくい状況となりやすい。こうしたことは心身の健康状態に変化が生じやすい高齢期において，様々なリスクを高めるものである。たとえば病気などで身の回りの世話が必要になったときに，家族内のサポートが受けられない状況や，また，社会的孤立に陥りやすく，生活困難を抱え込みやすい。

　世帯の高齢化の問題もある。同居の主な介護者と要介護者の年齢別組み合わせについて，2001（平成13）年と2019（令和元）年を比較すると，65歳以上同士は40.6％から59.7％，75歳以上同士は18.7％から33.1％（図1‐7）と大幅に増加しており，今後も「老老介護」の割合は増加していくことが予想される。また，認知症の者が認知症の者を介護する「認認介護」も一定数あるものと思われる。

　さらに社会的孤立は，孤立死，虐待，ごみ屋敷，消費者トラブルなどの問題の要因となるだけでなく，生きがいや尊厳といった高齢者の内面にも深刻な影響をもたらす。内閣府「平成30年度高齢者の住宅と生活環境に関する調査」[16]によると，一人暮らしの60歳以上の約半数が，孤立死を身近な問題として感じるとしており，その関心の高さが見て取れる。

　また，近年では，長期化した中高年のひきこもりと親の介護に関する問題が顕在化している。内閣府『子供・若者白書』[17]によると，全国の満40歳から満64歳までの人口の1.45％に相当する約61万人がひきこもりの状態にあると報告されている。長期間社会に出ることができず，親からの援助を受けて生活するも，

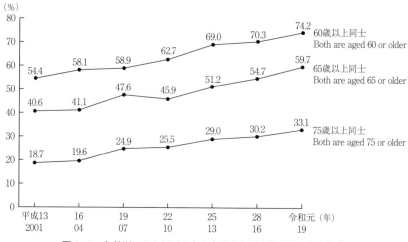

図1-7　年齢別にみた同居の主な介護者と要介護者等の年次推移

出所：厚生労働省政策統括官（統計・情報政策担当）（2021）「令和3年　グラフでみる世帯の状況——国民生活基礎調査（令和元年）の結果から」(https://www.mhlw.go.jp/toukei/list/dl/20-21-h29.pdf　2022年6月25日閲覧）40頁。

親が高齢となり世話ができず，要介護状態の親と子の双方の生活に支障をきたすなどの社会問題となっている。そこには，親と子のそれぞれの社会的孤立が背景としてあると指摘されている。80歳台の親が50歳台の子どもの世話をするということで「8050問題」と呼ばれている。ひきこもりの子をもつ親は，支援を求める声をあげにくく，そのため外部から気づかれにくいことが問題を深刻化させてしまう。したがって問題に至るまでの予防的対応が重要となる。政府は，孤独・孤立の問題を，社会全体で対応すべきものとして，2021（令和3）年12月に「孤独・孤立対策の重点計画」を策定した。支援者には問題の早期発見と，対象者とつながるための工夫や根気強いアプローチが求められるなど，アウトリーチにより，支援につなげられるような方策が模索されている。

（2）家族介護が抱える困難

　今後，団塊の世代の人たちが75歳以上になる2025年以降には，親をはじめとする親族等の介護と仕事の両立の問題に直面することになる。少子化の影響もあり，労働力不足に拍車がかかることが懸念されている。

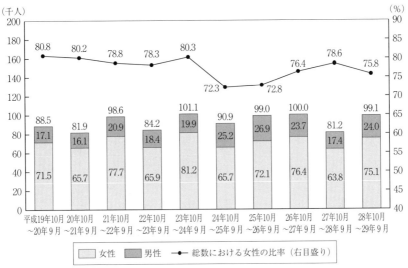

図1-8　介護離職率の推移

資料：総務省「就業構造基本調査」。
出所：内閣府（2021）『令和3年版高齢社会白書』35頁。

　家族介護者と仕事について，総務省「就業構造基本調査[20]」によると，2017（平成29）年に介護・看護を理由に離職した介護離職者数は9万9000人であり，過去1年間に前職を離職した者の1.8％（介護離職率）となっている（図1-8）。介護離職には不本意な離職が隠れていると指摘されている。具体的には，介護を担う家族にとっては，仕事と介護を両立したいが，職場の理解不足や介護費用が高額になるなどの理由から離職に至るケースや，要介護状態の家族が介護サービスを拒否するために外部からの支援に頼ることができず，やむなく離職するケースなどが挙げられる[21]。

　2018（平成30）年2月に閣議決定された高齢社会対策大綱では，家族の介護を理由とした離職を防止するために介護休業を取得しやすくするなどの雇用・就業環境の整備を図ることを，政府の重要な政策として位置づけている。

　介護を担う家族は何らかの負担や困難を抱えていることが多い。厚生労働省「平成28年国民生活基礎調査[22]」では，同居の主な介護者における悩みやストレスについて，約7割の者が「ある」としている。さらに，そのストレスの原因

で最も多かったのは「家族の病気や介護」が７割を占め，「自分の病気や介護」「収入・家計・借金等」と続き，自分を含めた身体のこと，経済的負担が挙がっている。

　この他に，少子高齢化と晩婚化や晩産化を背景に，育児期にある者が，親等の介護を同時に担う，いわゆる「ダブルケア」問題がある。2016（平成28）年に内閣府男女共同参画局が行った調査では，ダブルケア人口は約25万人（15歳以上に占める割合0.2％）であり，その年齢構成は30歳台から40歳台が多く全体の８割を占めていた。また，同年に全国40歳以上を対象にして行われた厚生労働省「高齢社会に関する意識調査」では，ダブルケアを身近な問題ととらえているのは５割近くあったとしており，その関心の高さがうかがえる。

　2018（平成30）年にソニー生命が行った調査では，ダブルケアで負担に感じている（いた）ことを尋ねたところ，「精神的にしんどい」（46.8％）が最も多く，次いで「体力的にしんどい」（43.2％），「経済的負担」（33.5％）であった。また，ダブルケアをする人にとって，公的サービスは現状で十分だと思うかでは，７割が介護サービスや子育て支援を不十分としており，現状の支援システムでは課題があることを明らかにしている。このようにダブルケアの問題は，家族介護者にとって複合的な負担がかかり，助けてもらう手立てがないなどから，介護離職や雇用機会喪失，少子化に拍車がかかることが指摘されている。育児と介護の問題はこれまで異なる領域の問題として認識されてきた。しかし，ダブルケアには，これらの複合した福祉ニーズについて包括的に対応できる支援体制が求められている。

　また，家族のケアを担う子ども，若者の「ヤングケアラー」の実態がある。ヤングケアラーとは，法律上の定義はないが，日本ケアラー連盟は「家族にケアを要する人がいる場合に，大人が担うようなケア責任を引き受け，家事や家族の世話，介護，感情面のサポートなどを行っている18歳未満の子ども」としている。全国規模で行われた調査においては，若者も含めた調査が行われた。世話をしている家族がいるのは，小学６年生6.5％，中学２年生5.7％，全日制高校２年生4.1％，大学３年生6.2％の割合であった。家族への世話をほぼ毎日行っている中高生は５割弱，一日平均７時間以上世話をしている中高生が約１

割存在する。世話の対象は，小中高校生では，きょうだいの割合が多く，大学生は母親，祖母の割合が高くなる。家族の世話をしている場合，健康状態がよくない傾向が示される等，年齢に見合わない重い責任や負担があることで，本人の育ちや教育等に影響があることが問題となっている。福祉・介護・医療・教育等といった様々な分野が連携し，ヤングケアラーの早期発見・支援につなげる取り組みが求められている。

注

(1)　厚生労働省（2021）「令和 2 年簡易生命表」。

(2)　厚生労働省（2016）「高齢社会に関する意識調査」結果報告書，13頁。

(3)　日本老年学会・日本老年医学会（2017）「高齢者に関する定義検討ワーキンググループ報告書」。

(4)　内閣府（2018）「高齢社会対策大綱（平成30年 2 月16日閣議決定）」。

(5)　総務省統計局「人口推計」（2021年10月 1 日現在）。

(6)　1995年値，2018年値，2020年値ともに，それぞれ総務省統計局「人口推計」2021年10月 1 日現在に基づく。2020年現在，65歳以上人口に占める前期高齢者割合は1747万人（13.9％），後期高齢者割合は1872万人（14.9％）。

(7)　内閣府（2021）『令和 4 年版高齢社会白書』29頁。

(8)　倍加年数とは，高齢化の速度を表す指標であり，高齢化率 7 ％から倍となる高齢化率14％に達するまでの所要年数を示したものである。

(9)　国立社会保障・人口問題研究所（2017）「日本の将来推計人口（平成29年推計）」（https://www.ipss.go.jp/pp-zenkoku/j/zenkoku2017/pp29_ReportALL.pdf　2022年 6 月25日閲覧）378～379頁。

(10)　厚生労働省（2021）「令和 2 年度簡易生命表の概況」（https://www.mhlw.go.jp/toukei/saikin/hw/life/life20/dl/life18-15.pdf　2022年 6 月25日閲覧） 2 頁。

(11)　厚生労働省「令和 2 年（2020）人口動態統計（確定数）の概況」（https://www.mhlw.go.jp/toukei/saikin/hw/jinkou/kakutei20/dl/02_kek.pdf　2022年 6 月25日閲覧） 4 頁。

(12)　合計特殊出生率がこの水準以下になると人口が減少することになる水準のことをいう。おおむね2.1だが年によって変動がある。

(13)　(7)と同じ，10頁。

(14)　厚生労働統計協会編（2021）『国民の福祉と介護の動向　2021/2022』1067，62～63頁。

⑮　ソーシャルサポートのことである。これは社会関係の機能に注目した概念であり，サポートの担い手によって家族・近隣住民などはインフォーマルサポート，公的機関の専門家などが行うフォーマルサポートがある。サポート内容によって，実態的な支援を行う手段的サポート，交流や心の支えなどの情緒的サポート，経済的サポート，身体的サポートがある。

⑯　内閣府（2019）「平成30年度高齢者の住宅と生活環境に関する調査」41～42頁。

⑰　内閣府（2019）『令和元年版　子供・若者白書』35頁。

⑱　孤独・孤立対策の重点計画に関する有識者会議第2回（2021年11月22日）「議事録」及び「配布資料」（https://www.cas.go.jp/jp/seisaku/juten_keikaku/index.html　2022年6月25日閲覧）。

⑲　対象者自身が自ら困難状況を自覚しているとは限らず，周囲が気づいたときには手遅れになる場合もある。そのために対象者が自分から訴えるのを待つのではなく，支援側が積極的に支援していくことをアウトリーチと呼ぶ。

⑳　総務省統計局（2018）「平成29年就業構造基本調査　結果の概要」（https://www.stat.go.jp/data/shugyou/2017/pdf/kgaiyou.pdf　2022年6月25日閲覧）6頁。

㉑　一般社団法人日本経済調査協議会（2019）「介護離職のための社会システム構築への提言　中間提言　ケアマネージャーへの調査結果から」。

㉒　厚生労働省（2017）「平成28年　国民生活基礎調査の概況」33頁。

㉓　内閣府男女共同参画局（2016）「育児と介護のダブルケアの実態に関する調査」14～16頁。

㉔　厚生労働省（2016）「高齢社会に関する意識調査」51頁。

㉕　ソニー生命連携調査（2018）「ダブルケアに関する調査」（https://www.sonylife.co.jp/company/news/30/nr_180718.html　2022年6月25日閲覧）。

㉖　相馬直子・山下順子（2017）「ダブルケア（ケアの複合化）」『医療と社会』27 (1)，63～75頁。

㉗　浅野いずみ（2018）「ダブルケアの概念に注目した家族介護者支援のありかたに関する研究」『目白大学総合科学研究』14，1～10頁。

㉘　日本総合研究所（2022）厚生労働省令和2年度子ども・子育て支援推進調査研究事業「ヤングケアラーの実態に関する調査研究」。

㉙　三菱UFJリサーチ＆コンサルティング（2021）厚生労働省令和3年度子ども・子育て支援推進調査研究事業「ヤングケアラーの実態に関する調査研究」。

参考文献

鈴木隆雄（2019）『超高齢社会のリアル──健康長寿の本質を探る』大修館書店。

内閣府『高齢社会白書』（各年度版）。

学習課題
①　高齢者の孤立が生活のどういったことに影響を及ぼすのかについて，また孤立を防止するために何が必要かを考えてみよう。
②　家族介護者が仕事と介護を両立するにあたって，どのような困難が生じるのかを考えてみよう。

～～～～～～～～～～　コラム　現代の高齢者福祉の理念　～～～～～～～～～～

　高齢になればすべての人が認知症等の病気に罹患するわけではなく，またすべての人に介護が必要なわけでもない。みなさんは，高齢者と聞いて何を思い浮かべ，イメージしているだろうか。社会福祉の支援においては，偏った見方をするのではなく，多様性のある対象者の実態を客観的にとらえ，理解することが重要である。ここでは，現代の高齢者福祉の考え方を取り上げ，みていくこととする。

　人々に根づく高齢者観とはどのようなものだろうか。その見方・とらえ方はときに固定的な価値観を植え付けてエイジズムと呼ばれる高齢者差別や人権侵害ともなる危険性をもっている。エイジズムとは，年をとっていることを理由にした偏見やステレオタイプな見方のことで，1968年にアメリカの国立老化研究所の初代所長であったバトラー（R. N. Butler）が提唱した。当時のアメリカ社会において誤った高齢者観が広がっていることに警笛を鳴らす意図で広められた。高齢者の人権尊重の視点にある。このエイジズムには，否定的なものだけでなく肯定的なものもあるのだが，それらは偏見による社会的弱者をつくり，個人もしくは制度的差別につながることがあるとされている。

　そもそも日本には江戸時代以前から，年長者を知識や経験が豊富な賢者としてみる敬老思想があった。これは，歴史的に儒教の影響で年長者を尊敬する考え方に基づいている。老人福祉法（1963年）の制定時から基本的理念には，高齢者を多年にわたり社会の進展に寄与してきた者として「敬老」を明文化している。

　国際的には，1991年に国連総会にて「高齢者のための国連原則」を採択し高齢者の地位に関する5つの原理と18原則を示した。この原則は各国の高齢者施策に反映されるべきものとされ，「自立」「参加」「ケア」「自己実現」，そして「尊厳」を明示し，高齢者の生活の保障から自己実現という幅広い領域について示したものとなっている。

　また，WHO が提唱したアクティブ・エイジングは，1999年の国際高齢者年を契機とし，2002年の国際連合高齢者問題世界会議において掲げられた。そこには，個人や人口全体が，どのように歳をとるかに影響を与える医療以外の要因をとらえるための重要な

メッセージが込められており，「人々が歳を重ねても生活の質が向上するように，健康，参加，安全の機会を最適化するプロセス」であると定義している。これは，高齢者や病気の人，障害をもつ人であっても，家族，仲間，地域社会，国に積極的に貢献し続けることができるとする考え方である。つまり，高齢者を受動的な対象としたとらえ方から，老後も生活のすべての側面で機会と待遇を平等に得るというニーズ，希望，能力に応じた社会参加や，さらには援助が必要なときにはケアを受けることができるという多様な高齢者をとらえる認識に基づいている。

　わが国では2012（平成24）年に閣議決定された高齢社会対策大綱において，これまでの高齢者観を見直す考えが示された。高齢者の健康状態や経済状況が多様化している中で，65歳以上の者を一律に「支えが必要な人」と固定観念をもたないよう国民の意識改革を図るとしている。年齢による画一的なものではなく，希望に応じて一人ひとりの意欲や能力を活かして活躍できるエイジレス社会が目指されている。

　こうした理念をもとにして高齢者福祉施策が進められている。幅広い高齢期においてすべての年代の人々を注視すること，そして，それぞれの意思や状況に応じて活躍できる生活基盤等を整備するという考え方である。そこでは，偏ったステレオタイプの見方ではなく，また高齢者個々人は常に一様ではないことを理解し，長い年月の生活と経験を積み重ね，かけがえのない個々の人生をもつ人間として尊ばれる存在とする人々の意識が重要である。そのためには，高齢者に興味関心をもち，高齢者を理解しようとすることが大切である。まずは，身近な高齢者の生活そのものに目を向けることからはじめていただきたい。

　参考：パルモア，E.B.／鈴木研一訳（2002）『エイジズム――高齢者差別の実相と克服の展望』明石書店，
　　　20頁。WHO 編／日本生活協同組合連合会医療部会訳編（2007）『WHO「アクティブ・エイジング」
　　　の提唱』萌文社。

第2章

高齢者の特性と生活ニーズ

　人は生まれ，心身ともに様々な成長や変化をたどり，やがて死を迎える。本章では，人生の最終段階ともいわれる高齢期を生きる人たちが抱えている心身の状態や生活環境などからその特性を確認していく。福祉専門職として高齢者の特性を理解することは，ステレオタイプの考えから脱して，高齢者個々が加齢と向き合いながら生じたニーズを把握する手がかりとなる。また，高齢者の特性はいずれの側面においても個人差が大きいといわれる。長い人生の分だけ積み重ねてきた固有の経験をもった存在であることを念頭に置いて，一人ひとりをとらえる視点が求められる。知り得た知識を支援にどう活かせるか考えながら学びを進めることが重要である。

1　高齢者の身体的特性と変化

（1）加齢による身体的変化と特徴

　「お年寄りをイラストで描いてみてください」。そのようなお題が出たら，どのように描くだろうか。白くなった髪の毛，顔に刻まれた皺，曲がった腰。多くの人がそのような特徴を思い浮かべることだろう。さらに眼鏡をかけ，杖をもった姿を描く人もいるかもしれない。また，描いたそのお年寄りの動きまで加えるとしたら，曲がった腰の後ろで手を組み，ゆっくりとした足取りで，声をかけられても「え？」と手を耳に当てて聞き直す，そんな動きをつける人が多いのではないだろうか。

　一方で，若々しく活動的な高齢者も珍しくなく，実年齢を聞いて驚かされる

表2-1　加齢による身体機能の変化

筋骨格	筋力低下（運動能力が低下） 骨密度低下（骨折しやすい） 変形性関節症（腰が湾曲したり，膝が伸びにくくなったりする）
循環器	血管壁が肥厚 弾力低下（高血圧になりやすい） 収縮期血圧は上昇し，拡張期血圧は低下しやすく，収縮期血圧と拡張期血圧の差は大きくなりやすい
咀嚼・消化機能	咀嚼機能の低下（歯の摩耗，更新・口頬の筋力が低下） 誤嚥しやすくなる
呼吸器	ガス交換機能が低下（血中酸素量が下がりやすい） 肺活量が減少（息切れしやすくなる）
泌尿器	前立腺が肥大（頻尿，尿失禁しやすい） 女性は腹圧性尿失禁が多くなりやすい
消化器	結腸，直腸，肛門の機能が低下（便秘になりやすい） 肝機能が低下（薬の副作用が出やすい）
感覚器	［視覚］遠近調節機能の低下（老眼），水晶体が混濁（明るいところはまぶしく，暗いところでは見えにくい） ［聴覚・平衡機能］高音域の聴力が低下（言葉の聞き取りが困難），平衡感覚の低下（転倒しやすくなる）
睡　眠	ノンレム睡眠，レム睡眠が減少し，途中覚醒が多くなる

出所：いとう総研資格取得支援センター（2019）『見て覚える！　社会福祉士国試ナビ2020』中央法規出版，267頁より筆者作成。

人もいる。しかし，そのような人でも「足腰の関節が痛む」「最近食が細くなった」「熟睡できない」「薬が欠かせない」といった外見からはわからない自覚症状がある。

　人間がやがて死を迎える生物である以上，年を重ねることによって表2-1のように身体的な変化が生じる。たとえば，加齢に伴い血管が徐々に弾力性を失って血の流れが悪くなることから心臓は強い力で血液を押し出さなければならなくなり，高血圧となる。高血圧は，心臓や血管に損傷を与え，心不全，脳卒中，腎不全などになるリスクを高める。高齢になると脱水も起こりやすい。それは，加齢によって水分を蓄える筋肉量が減っていくことや，口の渇きを感じにくくなることなどが要因である。脱水により血液が濃くなってできた血栓が血管を塞ぐことによって脳梗塞や心筋梗塞になる可能性が高まる。身体を支

える骨や筋に関連する運動機能も加齢による影響を受ける。関節は軟骨が弾力性を失って屈伸がしづらかったり，筋組織が細く筋量が減っていくと歩幅が狭く，すり足歩行となったりする。結果，躓きやすくなり，加齢とともに敏捷性や平衡性も低下しているため躓いたときに転倒しやすくなる。骨のカルシウムなどの減少や女性ホルモンであるエストロゲンの欠乏によって骨の強度が低下した骨粗鬆症になっていたりすると，軽い転倒であっても骨折となることが多い。

　高齢になると各器官の機能低下だけでなく，他にもいくつかの特徴がみられる。ホメオスタシス（生体恒常性）の維持が難しくなり，身体を防御したり，周りの変化に適応したりする力が低下したり，病気にかかりやすくなる。かかった病気の症状が定型的には出にくかったり，いくつもの病気を抱えて合併症も起こしやすく，その経過も定尺通りではない。そして何より個人差が大きいことを念頭に置いておくべきだろう。実際の高齢者一人ひとりの状況を的確につかむには，これらの傾向を合わせて理解することが必要である。

（2）廃用症候群の予防やフレイルへの支援

　骨折をはじめ，長期臥床を要する疾患にかかった場合，高齢者は廃用症候群にも留意する必要が出てくる。廃用症候群は生活不活発病ともいわれ，過度の安静等に伴って生じる身体的・精神的な諸症状の総称である。筋骨格系，循環・呼吸器系，内分泌・代謝系，精神神経系など様々な臓器の症状として現れる（表2-2）。廃用症候群は高齢者に限ったものではないが，加齢とともに持久力や回復力が脆弱となる高齢者は，より「動かないために，ますます動けなくなる」という悪循環が生じやすいことを忘れてはならない。

　また，加齢に伴い明確な疾患はなくても虚弱になっている状態をフレイル[(1)]という。フレイルは身体的フレイル，精神・心理的フレイル，社会的フレイルの3種類に分かれる。身体的フレイルである「サルコペニア」（筋力低下，身体機能が低下した状態）や「ロコモティブシンドローム」（運動器障害による移動機能が低下した状態）といった言葉は新聞などでも取り上げられ，自治体の取り組みも多くなっている。しかし，フレイルは身体的側面のみならず精神的側面や社

表 2 - 2　廃用症候群

体　系	影　響
筋骨格系	筋力低下，筋萎縮，関節拘縮，骨粗鬆症
心血管系	心血管系デコンディショニング 起立性低血圧，静脈血栓症
呼吸器系	換気障害，嚥下性肺炎
泌尿器系	尿路感染症，尿路結石，尿閉
消化器系	便秘，食欲低下，体重減少
神経系	感覚障害，うつ状態，せん妄，知的機能低下 協調運動障害
皮　膚	褥瘡

出所：東京都医師会（2011）「介護職員・地域ケアガイドブック」41頁。

会的側面などを含めた「多面的な脆弱性」ととらえる概念であることからも，やりがいや生きがいを感じられるような就労，余暇，地域活動が可能となる環境整備や支援も重要である。

　また，フレイルは適度な治療や予防によって進行を緩やかにできるという考え方であり，介護予防や健康寿命の延伸の観点から，栄養や身体活動，社会参加から日々の生活習慣を見直すフレイル予防を国は推進している。2020（令和2）年度からは後期高齢者医療制度の健康診査でフレイル状態のチェックがはじまり，健康状態の総合的な把握が試みられている。

　高齢期は医療をはじめ，多方面にわたる専門分野の支援が必要な時期であり，他職種協働による支援が欠かせない。様々な専門的見地が交差する場においてスムーズなコミュニケーションを進めていくためにも，福祉専門職として高齢者の基礎的な身体的理解は確実に押さえておきたいところである。

2　高齢者の心理・精神的特性と変化

　たとえば思春期の子どもが成長する過程において，現れ方に個人差はあるものの不安定な感情や矛盾した気持ちを抱える傾向があるように，高齢期においても心理・精神的な傾向がある。

（1）高齢期の心理・精神的変化とその要因

　精神機能には，知能，記憶，感情，意欲などがあり，それらは脳がつかさどっている。脳も他の器官と同様，加齢によって脳萎縮や神経伝達物質の減少といった変化が起こり，計算力，記憶力といった知的機能の低下や，意欲の低下などがみられるようになる。「最近，もの覚えが悪くなって」と言っている高齢者は身近に多いだろうし，活動的だった人が年を重ねるとともに「どうもやる気が出ない」と塞ぎ込みがちになるケースも珍しくはない。しかし，これらの変化は，脳の生理的変化だけを起因としたものでなく，身体的変化や，社会的変化などが影響し合い，その結果として精神機能の変化が現れているといわれる。たとえば，塞ぎ込んでいる場合では，耳が聞こえにくくなり，他者とスムーズにコミュニケーションがとれずストレスを溜めているのかもしれない。また，そのことが何かの失敗を招いてしまったり，今まで担ってきた役割を次世代に引き渡さざるを得ない状況になることもあるだろう。そういった多様な要因や背景が脳の器質的変化以上に高齢者の「塞ぎ込む」という心理・精神的な状態へ影響を与えていると考えられる。

　また，高齢期は多くの喪失を抱える時期でもある。心身の機能低下，定年退職などによる収入の減少，仕事や家庭における役割の変化，友人や地域の人とのつながりの縮小や孤立，家族や知人との死別，これら様々な喪失体験や自身の死が間近に感じることで生きる目的を喪失する人もいるといわれる。かけがえのないものを失ったことへの落胆は計り知れない。だからこそ，安易に励ましたり気をそらしたりするのではなく，真の共感が必要となる。しかし，その人固有の深い苦しみへの共感は簡単なことではなく，福祉専門職として，適切に向き合う姿勢とスキルの修得が求められる。

（2）高齢期に現れやすい精神障害

　高齢期に起こる変化は避けられないものが多く，その変化への受容を迫られる時期でもある。うまく受容できれば，老化にも適応した生活を再構築できるが，受容できない状態が続くと，これまでにないような思考力や集中力の低下といった精神機能の低下が強く生じたり，精神障害に至ったりするなどの影響

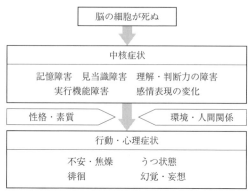

図 2-1　中核症状と行動・心理症状（BPSD）

出所：政府広報オンライン「もし，家族や自分が認知症に
なったら知っておきたい認知症のキホン」(https://www.
gov-online.go.jp/useful/article/201308/1.html　2022年 2
月 5 日閲覧)。

が出る。高齢期に現れやすい精神障害について以下でいくつか確認していく。

　高齢期に発症率が高まるものとして認知症がある。認知症は，脳の器質的障
害によって認知機能が持続的に低下し，日常生活に支障をきたした状態である。
認知症を引き起こす原因は様々あり，最も多い疾患がアルツハイマー型認知症，
次いで血管性認知症，レビー小体型認知症，前頭側頭型認知症と続く。認知症
の症状は，「中核症状」と「行動・心理症状（BPSD：Behavioral and Psychological
Symptom of Dementia）」の 2 つに分けられる。中核症状には，記憶障害や見当
識障害などがあり，行動・心理症状にはうつ状態やひとり歩き(4)といった心理
面・行動面の症状がみられる（図 2-1）。脳の神経細胞の障害によって現れる
中核症状に対し，様々な研究や治療薬の開発が試みられているが，現在のとこ
ろ進行を遅らせることはできても完全に止めることは難しい。一方，行動・心
理症状は，もともとの性格や環境，人間関係など様々な要因が相互に影響して
現れることから，ケアによって症状が増減することが知られている(5)。福祉専門
職は特に行動・心理症状へ焦点を当て，その人の環境に留意し，適切なケアが
提供されるような取り組みや助言・各種調整を行うことになる。

　高齢期の精神障害にはうつ病もある。日常の生活に支障が出るほどの気分の

落ち込み等が一定期間以上続く状態をいうが，高齢者の場合，悲哀の訴えが少なく，身体症状や意欲・集中力の低下がみられる傾向にある。認知機能の低下もみられるため認知症と間違われやすいが，うつ病は脳の器質的変化はなく，治療によってうつ病が軽減すると認知機能も正常に戻る。

　せん妄は，意識が混濁状態にあり，実在しないものが見えたり聞こえたりする幻覚や幻聴と興奮状態が加わったものをいう。また，比較的急激に症状が現れ，日内変動（一般的にせん妄は夕方から夜間にかけて症状が悪化）する傾向があり，一過性である。せん妄もつじつまが合わない応答だったり，時間や場所，人がわからなくなる見当識障害のような様子がみられるなど，認知症と区別しづらいときがある。

　これらの疾患や症状については，医師の診断をもとにそれぞれの治療方針を確認し，生活上の支援をどのようにしていくのか他職種との連携を密に図りながら高齢者本人の必要とする支援を適切に行うことが求められる。

（3）高齢期でも衰えないもの

　高齢期は様々な機能が低下するが，何もかもが衰えるわけではない。たとえば記憶について，高齢者は若者よりも前向きなことを記憶しやすくなるという研究結果が報告されている。[6]　また知能では，新しいことを学習したり新しい環境に適応したりする「流動性知能」と，これまでの学習や経験の積み重ねを活用した判断力や解決力といった「結晶性知能」があるが，流動性知能は20歳前後にピークを迎え，その後は低下していく一方で，結晶性知能は20歳以降も上昇し，高齢になっても安定している。

　心理学では，生まれてから成人に至るまでの期間だけでなく，成人した以降も死に至るまで人は発達していくという「生涯発達」という概念が主流となってきている。人生の各発達段階には，その段階における社会文化的な課題があり，それに適応しながら生涯を通して発達するという考え方である。生涯発達理論は，ハヴィガースト（R. J. Havighurst）やバルテス（P. B. Baltes）など幾人かの心理学者が提唱しており，エリクソン（E. H. Erikson）の提唱した「ライフタスク論」（表2-3）は福祉や医療・看護の領域においてもよく知られている。

表2-3　エリクソンのライフタスク論

発達段階	心理・社会的危機	基本的な強さ
乳児期	基本的信頼　対　基本的不信	希望
幼児期初期	自立性　対　恥, 疑惑	意志
遊戯期	自主性　対　罪悪感	目的
学童期	勤勉性　対　劣等感	適格
青年期	同一性　対　同一性混乱	忠誠
前成人期	親密さ　対　孤立	愛
成人期	生産性　対　停滞	世話
老年期	統合性　対　絶望・嫌悪	英知

出所：エリクソン, E.H.・エリクソン, J.M.／村瀬孝雄・近藤邦夫訳（2001）『ライフサイクル, その完結　増補版』みすず書房, 34頁より一部改変。

エリクソンは, 老年期の段階を「統合」と「絶望」というテーマで対立や葛藤しながら人生の最終段階に自分と対峙する時期としている。そのようなライフステージに高齢者は立っているという視点でとらえ直してみると, あらためてみえてくる側面もあるだろう。支援に活かせる要素は様々なところにある。

3　高齢者の社会生活の状況

家業を次世代に譲ったり, 多くの企業が定年としている年齢を迎えた後の高齢者は, どのような環境で生活しているのだろうか。いくつかの調査結果をもとに確認していく。

（1）高齢の夫婦のみ, 一人暮らし高齢者の増加

昭和30年代頃まではほとんどの高齢者が子どもや孫など家族と一緒に暮らす三世代同居が一般的だった。しかし現在の高齢者は, 夫婦のみ, もしくは一人暮らしの増加が著しい。「国民生活基礎調査」によると, 1986（昭和61）年では, 65歳以上の者のいる世帯において「夫婦のみの世帯」（夫婦の両方または一方が65歳以上）と「単独世帯」が合わせて3割だったものが, 2019（令和元）年の同調査では,「夫婦のみの世帯」と「単独世帯」を合わせて6割を占めるという

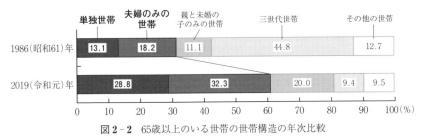

図2-2　65歳以上のいる世帯の世帯構造の年次比較

出所：厚生労働省「2019年　国民生活基礎調査の概況」（https://www.mhlw.go.jp/toukei/saikin/hw/k-tyosa/k-tyosa19/dl/02.pdf　2022年2月5日閲覧）4頁より一部改変。

結果からも明らかである（図2-2）。

　しかし，高齢者がまったく孤立しているということでもなく，「平成30年度高齢者の住宅と生活環境に関する意識調査」では，「病気のときや，一人ではできない仕事の手伝い等に頼れる人がいる」と9割以上の人が回答している。頼れる人としては，配偶者や別居もしくは同居の子が多くを占め，友人や近所の人と答えたのは1割程度だった。また，「地域に安心して住み続けるために必要なこと」についても調査しており，5割以上の人が「近所の人との支え合い」と回答しているものの，実際の近所付き合いの程度については，「親しく付き合っている」「あいさつ以外にも多少の付き合いがある」「あいさつする程度」はそれぞれが3割程度とばらつきがあった。

　現在の高齢者は同居する家族構成が縮小傾向にあるが，かといって近隣の人たち等との関係性を深めているわけでもない傾向がうかがえる。現在の高齢者の生活背景における課題は，孤立や孤独死だけでなく，8050[7]問題といった新たな社会問題も生じてきている。個々人によって複合的な要因が存在していると考えられるが，高齢期を豊かに安心して暮らせるよう，現在の状況に合った支援体制の早期構築が望まれる。

（2）高齢者の活動状況

　次に，現在の高齢者の活動状況について，60歳以上の男女を対象に行われた「令和元年度　高齢者の経済生活に関する調査」の結果を中心にみていく。

　現在何らかの社会的な活動を行っていると回答したのは4割弱で，その活動

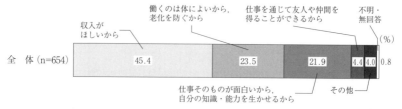

図 2 - 3　仕事をしている理由

出所：内閣府「令和元年度　高齢者の経済生活に関する調査結果（全体版）」(https://www8.cao.go.jp/kourei/ishiki/r01/zentai/pdf/s2.pdf　2022年2月5日閲覧)30頁より一部改変。

は「自治会，町内会などの自治組織の活動」「趣味やスポーツを通じたボランティア・社会奉仕などの活動」だった。一方，6割強が「特に活動はしていない」と回答しているが，その理由としては「体力的に難しい」「時間的な余裕がない」が多くを占め，「活動する仲間がいない」「入りたいと思う団体がない」といった理由は少数にとどまった。

　社会的な活動とは，地域貢献や利益追求をしない活動を指すことが多いが，現在の高齢者はその活動だけにとどまらない。同調査に回答した高齢者の全体で4割弱が「収入ある仕事をしている」と回答している。年代別にみると，就業率は年齢が上がるほど低くなるものの，60代前半では7割，60代後半でも5割に達する。「労働力調査　2021（令和3）年」でも，全就業者に占める65歳以上の就業者の割合が1割を超えていて，その割合は年々上昇し続けている。

　現在，収入のある仕事をしている人の仕事をしている理由をみてみると，「収入がほしいから」が最も多く5割弱を占めた。次いで「働くのは体によいから，老化を防ぐから」「仕事そのものが面白いから，自分の知識・能力を生かせるから」がそれぞれ2割程度となっている（図2-3）。一方，収入のある仕事をしていない人の9割弱が今後も「仕事につくつもりはない」と回答している。その理由として，「体力的に働くのはきついから」が最も多い。

　これらのことから，現在の高齢者は，年金で余生を過ごすといったかつての形から活動状況は多様になっていることがわかる。とはいえ，希望通りといった状況ばかりではなく，体力や経済状況による影響を少なからず受けている結果であることがうかがわれる。

（3）高齢者の経済状況

　「2019年　国民生活基礎調査の概況」によると，平均所得について，全世帯の一人あたりの平均は222万3000円で，65歳以上の者が世帯主となっている世帯の一人あたりの平均は199万7000円である。また，高齢者世帯の所得の内訳をみると，「公的年金・恩給」が最も多く6割以上を占め，次いで「稼働所得」「財産所得」の順になっている。図2-4の通り，公的年金・恩給を受給している高齢者世帯において，総所得に占める公的年金・恩給の割合が80％以上の世帯が6割以上となっており，公的年金・恩給が高齢者の欠かせない収入源になっていることがわかる。高齢者の貯蓄について，「家計調査報告（貯蓄・負債編）──2020年（令和2年）平均結果（二人以上世帯）」では，65歳以上の世帯主の世帯のうち2500万円以上の貯蓄を有する世帯は32.5％を占め，その一方で，貯蓄が300万円未満である65歳以上の世帯主の世帯が15.4％を占めている。「令和元年度　高齢者の経済生活に関する調査」で回答した高齢者の半数近くが預貯金を取り崩して生活しているという結果や，高齢者世帯において生活保護受給者が全人口の保護率よりも高い現状もある。[8]

　そのような状況ではあるが，暮らし向きの高齢者自身のとらえ方について「令和元年度　高齢者の経済生活に関する調査」によると，7割以上が心配なく暮らしているという結果であった（図2-5）。

　しかし，経済的な面で不安なことがあるかどうかという問いには，6割以上の人が「何らかの不安がある」と回答しており，最も不安なこととして「収入や貯蓄が少ないため，生活費がまかなえなくなること」「自分や家族の医療・介護の費用がかかりすぎること」「自力で生活できなくなり，転居や有料老人ホームへの入居費用がかかること」「認知症などにより，財産の適正な管理ができなくなること」などが挙がっていた。

　以上のことから，現在ひどく困窮していると感じていないまでも，不安なことを様々抱えていたり貯蓄を取り崩すなどのやりくりをして生活している世帯が少なくないこと，純貯蓄などは世帯による格差が大きいことなどがわかる。活動状況と同様に，経済状況においても一人ひとりの状況を確認しながら支援することが求められる。

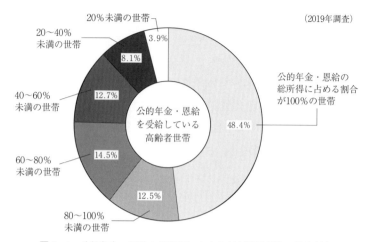

図2-4　公的年金・恩給の総所得に占める割合別世帯数の構成割合

出所：厚生労働省「2019年　国民生活基礎調査の概況」（https://www.mhlw.go.jp/toukei /saikin/hw/k-tyosa/k-tyosa19/dl/03.pdf　2022年2月5日閲覧）11頁。

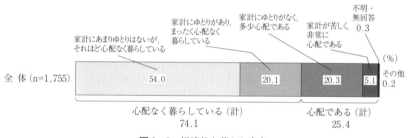

図2-5　経済的な暮らし向き

出所：内閣府「令和元年度　高齢者の経済生活に関する調査結果（全体版）」（https://www8.cao.go.jp/ kourei/ishiki/r01/zentai/pdf/s2.pdf　2022年2月5日閲覧）44頁。

　本章では高齢者を身体面・精神面・社会面からそれぞれ確認してきたが，従来の高齢者像にとらわれることなく，それぞれの背景や状況から総合的にとらえる必要性が高まっている。なぜなら，様々な側面が一体化して唯一無二の「その人」が存在するからである。高齢者一人ひとりのニーズへきめ細やかな支援を提供するためには，チームアプローチが欠かせない。専門職間において，互いへの敬意と尊重を前提とした協働のもとで支援していく力が問われている。

注

(1)　フレイルは，身体面，精神・心理面，社会面から脆弱性を多面的にとらえる概念
　　で，生活機能障害や要介護状態，死亡を含むハイリスク状態のことである。それぞ
　　れ加齢に伴う変化であり，身体的フレイルは，体重減少や筋力低下した状態などを
　　いい，精神・心理的フレイルとは，定年退職や配偶者を失ったりすることで引き起
　　こされる，うつ状態や軽度の認知症の状態などを指す。社会的フレイルは，社会と
　　のつながりが希薄化することで生じる，独居や経済的困窮の状態などをいう。厚生
　　労働省「健康長寿に向けて必要な取り組みとは？　100歳まで元気，そのカギを握
　　るのはフレイル予防だ」(https://www.mhlw.go.jp/stf/houdou_kouhou/kouhou_
　　shuppan/magazine/202111_00001.html　2022年 5 月 5 日閲覧) 参照。

(2)　公益財団法人長寿科学振興財団健康長寿ネット「高齢者の心理的特徴」(https://
　　www.tyojyu.or.jp/net/kenkou-tyoju/rouka/sinriteki-tokuchou.html　2021年12月30
　　日閲覧)。

(3)　竹中星郎 (2005)『高齢者の喪失体験と再生』青灯社，13〜14頁。

(4)　いわゆる「徘徊」のことだが，「目的もなく，うろうろと歩きまわること」とい
　　う意味からも，認知症の人の外出の多くは本人なりの目的や理由があるとされる実
　　態にそぐわない。誤解や偏見につながるおそれもあるため，近年言い換えをするな
　　どして，認知症の人への正しい理解を促す動きがある。

(5)　朝田隆 (2021)「認知症の周辺症状（BPSD）を理解して無理のない介護生活を
　　――人生100年時代を生きるキーワード・認知症の周辺症状（BPSD）」朝日新聞
　　Re ライフ.net（https://www.asahi.com/relife/article/14297887　2022年 1 月 8 日
　　閲覧)。

(6)　Charles, S. T., Mather, M. & Carstensen, L. L. (2003) Aging and emotional
　　memory: The forgettable nature of negative images for older adults, *Journal of*
　　Experimental Psychology-General, 132(2), pp. 310-324.

(7)　ひきこもりが長期化したまま子どもは50代前後，親は80代前後を迎え，親子の高
　　齢化につれて深刻な困窮や孤立に陥るケースが出るなど社会問題化している。厚生
　　労働省はこれまでひきこもりの実態調査を39歳までを対象としていたが，2018年度
　　は64歳までその対象を広げて実態を把握し，「ひきこもり地域支援体制」の構築に
　　動き出している。

(8)　内閣府 (2021)『令和 3 年版高齢社会白書（全体版)』(https://www8.cao.go.
　　jp/kourei/whitepaper/w-2021/zenbun/pdf/1s2s_01.pdf　2022年 2 月 5 日閲覧) 20
　　頁。

参考文献

エリクソン，E.H.・エリクソン，J.M.／村瀬孝雄・近藤邦夫訳（2001）『ライフサイクル，その完結　増補版』みすず書房。

佐藤眞一・髙山緑・増本康平（2014）『老いのこころ――加齢と成熟の発達心理学』有斐閣。

鈴木忠・飯牟礼悦子・滝口のぞみ（2016）『生涯発達心理学――認知・対人関係・自己から読み解く』有斐閣。

東京都介護職員スキルアップ研修カリキュラム検討委員会（2011）『介護職員・地域ケアガイドブック』公益社団法人東京都医師会。

鳥羽研二（2018）『老年看護　病態・疾患論　第5版』医学書院。

認知症介護研究・研修東京センター（2008）『図表で学ぶ認知症の基礎知識』中央法規出版。

学習課題

① 　人の身体と心について他科目で学んだ知識も関連づけながら仕組みを確認し，高齢期の変化や高齢者に多い疾患を整理してみよう。

② 　本章で出てきたキーワード（たとえばフレイル，8050問題，高齢者の活動状況等）について自分の暮らす地域ではどのような支援が行われているか調べてみよう。

第 3 章

高齢者福祉の歴史

　今日の高齢者福祉は介護保険を中心にして，医療，年金などの社会保障，そして老人福祉の制度を柱にして，まだまだ課題はあるとしてもかなり高水準の整備がされているように思われる。

　しかし，いつの時代でも高齢者の福祉が今日のように整っていたわけではない。つい最近まで高齢者の生活を支えるのは家族の役割だと考えられていたし，それを前提にして高齢者の福祉は足りないところを補うものだと位置づけられていた。さらに，歴史をさかのぼると，高齢者の福祉は貧困対策の一環として位置づけられていた時代もあった。

　高齢者福祉の歴史を学ぶことで，今日の高齢者福祉が決して時代を超越した普遍的で，超歴史的なものではなく，現代という時代の産物であることを理解してほしい。また，歴史を学ぶと，かつての高齢者福祉が今日の高齢者福祉に比べるとかなり水準が低く，不十分であったことがわかる。しかし，今日のかなり充実した高齢者福祉の制度も，10年後にみてみると不十分だったという評価を受けるかもしれない。あるいは，反対に，もしかすると行き過ぎであったと評価されるかもしれない。

　本章では，主として明治期以降の高齢者福祉の発展に焦点を当てているので，他章で説明している今日の高齢者福祉の現状と将来を検討し，よりよい高齢者福祉のあり方を考えるための材料の一つとしてほしいと思う。

1　第二次世界大戦前の高齢者福祉

　当然のことながら，困窮した高齢者を救済しようとする取り組みは明治期以前にも行われていた。たとえば，593年という早い時代に聖徳太子が創設したとされる悲田院は，貧窮者や身よりのない高齢者を収容した施設であった。江戸時代には老中松平定信や金沢藩の前田綱紀が高齢者の救済事業を実施しているが，国家が主体となった本格的な救済制度が実施されるのは明治時代になってからである。

（1）恤救規則の制定

　明治政府は1874（明治7）年に困窮者を救済するために恤救規則を制定した。この恤救規則は高齢者のみを対象とした救済対策ではなく，全般的な困窮者を対象とした対策であったが，高齢の困窮者もその救済対象となっていた。また，この恤救規則は，元来貧困者救済は「人民相互の情誼」，すなわち家族や地域で助け合うものであるということを前提に，「無告の窮民」，すなわち自分から助けてくれとは言ってこない貧困者のみを救済する制度であった。また，極貧で働けない独身者と，独身で，70歳以上で，重病や老衰のために働けない人に対して，米を年間で1石8斗を給付すると規定されていた。

　この恤救規則は救済に対して上記のように厳しい条件がつけられていたので，実際に救済した人数は微々たるものでしかなかった。多くの困窮高齢者はこの規則の恩恵を受けることなく，困窮生活を続けていたのであった。その後，窮民救助法案，恤救法案，養老法案などの新しい貧民救済の法律が帝国議会に提案されたが，すべて成立することなく，1929（昭和4）年の救護法成立までこの恤救規則が継続することとなった。

（2）養老施設の創設

　明治時代になっても当初の収容施設は混合収容，すなわち貧困者であれば，若い人も高齢者も一緒に収容をしていた。1869（明治2）年に東京府が設立し

た三田貧院や大阪府が1871（明治4）年に設立した大貧院はそのような形の施設として設立され，身よりのない困窮した高齢者も収容していた。

　その後，養老院という形の高齢者専門の施設が創設されるようになったが，それは明治の20年代以降のことであった。この時代になってくると，施設全体が専門分化し，高齢者だけでなく，子どもの施設や障害者の施設も創設されるようになった。また，このような施設の多くは公立の施設としてではなく，民間の篤志家の手によって創設されたことは忘れてはならない点である。

　ところで，わが国最初の養老施設は1895（明治28）年に東京芝区で設立された聖ヒルダ養老院である。その後，日本各地に養老施設が設立されることになる。たとえば，1899（明治32）年には寺島信恵が神戸友愛養老院を，1902（明治35）年には大野隆阿弥が名古屋養老院を，また同年に，岩田民次郎が大阪養老院を設立した。さらに，1904（明治37）年には東京養老院と前橋養老院が相次いで設立された。そして，明治末には23か所，大正末には60施設にまで増加した。

　当然のことであるが，この時代の養老施設は，ときには政府の補助金があったが，定期的に支払われる公的な資金で運営されるものではなく，設立者の私財を用いたり，寄付金をつのったりして運営せざるを得なかったので，財政的には非常に厳しいものであったと思われる。したがって，施設の運営は設立者や職員の献身的な努力によって維持されていたのである。

　このように日常的な業務も大変な中で，明治の末頃になると社会事業の講習会も開催されるようになり，大正時代には社会事業の全国大会も開催されるようになった。1925（大正14）年には大阪養老院において，全国21施設から集まった40人の参加者によって第一回全国養老事業大会が開催された。このときには，高齢者の処遇や経営上の問題が話し合われたそうである。老人福祉への発展の第一歩がはじまったといってもよいであろう。

　同年には関東大震災の被災高齢者を収容することを目的に内務省が中心となり，皇室からの御下賜金をもとにして，養老施設の浴風園が創設された。ここには当時の有数の専門家が配置され，専門的な処遇が行われた。また，その後は全国の養老事業の指導的な役割を果たすことになったという意味でも，この

施設の設置は特筆すべきことである。

　昭和の時代に入り，1932（昭和7）年には現在の老人福祉施設協議会の前身となる「全国養老事業協会」が発足した。同時に雑誌『養老事業』も発刊された。

（3）救護法の制定

　1923（大正12）年に発生した関東大震災や1927（昭和2）年の金融恐慌の影響で昭和初期は不況の時代となった。唯一の貧民救済の仕組みであった恤救規則だけではもはや対応が困難になり，1929（昭和4）年に救護法という新しい法律が制定された。しかし，この法律は財政難のために実施が遅れ，1932（昭和7）年1月になってようやく実施された。

　この法律も恤救規則同様に困窮者救済の法律であり，高齢者福祉に限定されたものではなかったが，救護の対象として，身よりのまったくない者という規定ははずされ，65歳以上の貧困な老衰者と規定されたところに，多少の前進はみられた。居宅保護が原則であったが，養老院も救護施設の一つとして位置づけられ，居宅での救護が不可能な場合には施設での救護もできるようになった。しかし，1935（昭和10）年の被救護者数は約12万5000人で，そのうち高齢者は約3万3000人に過ぎなかった。要するに，救護法の時代になっても，高齢者の扶養は家族の責任であり，救貧制度の中で高齢者を保護するという形は何ら変わらなかったのである。

2　第二次世界大戦後の高齢者福祉

（1）老人福祉法制定前の高齢者福祉

　第二次世界大戦の敗戦は，人々の生活をどん底に突き落とした。引き揚げ，失業，物価の高騰といった問題が拡大し，困窮者を激増させた。そのために，戦後の社会福祉の第一の課題は貧困問題への対応であった。まず，1946（昭和21）年には，従来の救護法は廃止され，（旧）生活保護法が制定された。この法律も困窮者を保護する法律であり，高齢者のみを対象とするものではなかった

が，この制度の中で困窮を条件として高齢者も救済しようとしたのであった。救護法では養老院は救護施設の一つとして規定していたが，（旧）生活保護法では施設は保護施設として一括され養老院の名称は使われなくなった。

その後，1950（昭和25）年には，日本国憲法に規定された生存権規定を生活保護の中でも明確にするために（新）生活保護法が制定された。（新）生活保護法では，老衰のために独立して日常生活を営むことができない要保護者を収容して，生活扶助を行うことを目的とする施設として養老施設が保護施設の一つとして規定された。老人福祉法が制定されるまで，国の法律に基づく老人福祉対策はこの養老施設のみであったが，地方各地でその後の老人福祉対策の中心になる取り組みも萌芽的に行われるようになった。たとえば，老人クラブが1950（昭和25）年頃に大阪市と東京都で結成され，1954（昭和29）年には全国で112クラブが結成され，活動していた。また，ホームヘルプサービスについては，1956（昭和31）年に長野県の上田市や諏訪市で「家庭養護婦」派遣事業としてはじまり，1958（昭和33）年には大阪市で「臨時家政婦派遣事業」（翌年には，「家庭奉仕員派遣事業」と名称が変更された）として開始された。

また，昭和30年代になると，1961（昭和36）年に医療保険と年金保険の適用を受けることができなかった自営業者等に対する国民健康保険と国民年金がはじまり，国民皆保険体制が出来上がり，今日の社会保障制度の基盤が整備された。

（2）老人福祉法の制定

1958（昭和33）年には全国養老事業会議や社会福祉関係の全国大会等において老人福祉法の早期制定の決議が行われ，全国的に老人福祉法制定の要望が強くなっていった。また，1962（昭和37）年には老人福祉法制定に先立って，老人福祉センターや老人家庭奉仕員制度を実施するための補助金が予算化された。

このような中で，老人福祉法案は1963（昭和38）年の通常国会に提出され，成立した。これは世界で最初の老人福祉法であった。これによって，養老施設は生活保護法から切り離され，老人福祉法に基づく養護老人ホームとなり，他に特別養護老人ホームも設置された。この2施設は措置施設とされたが，施設

との契約で利用する施設として軽費老人ホームも設置された。老人福祉施設ではないが，有料老人ホームの規定も設けられ，事後の届け出義務が規定された。現在の在宅福祉の中心であるホームヘルプサービスも老人家庭奉仕員派遣事業として法律の中に位置づけられた。しかし，今とは違って低所得であることが利用の条件であった。高齢化社会の進展や家族機能の変化，さらには福祉の理念の変化に対応して，老人福祉はその後新しい展開へと進められていくのであるが，このような形でその基盤が整えられたのであった。

（3）昭和40年代の高齢者福祉の進展

　老人福祉法の制定と実施によって老人ホームには強固な法的な基盤が与えられて，新しい時代に突入していった。しかし，この昭和40年代は社会福祉全体で入所施設が不足していたこともあり，また社会福祉の理念としても施設中心の考え方が主流であったので，老人ホームの整備が優先的な課題であった。たとえば，養護老人ホームは生活保護法時代の養老施設が以前からあったのでよいとしても，新たに法制化された特別養護老人ホームや軽費老人ホームは1970（昭和45）年の時点でも前者が152か所，定員1万1280人，後者が52か所，定員3305人に過ぎなかった。

　1971（昭和46）年には，「社会福祉施設緊急整備5か年計画」の取り組みもはじまり老人ホームの整備が進められた。ちなみに，1976（昭和51）年には，養護老人ホームは936か所，定員7万1502人，特別養護老人ホームは627か所，定員4万8845人，軽費老人ホームは132か所，定員8248人にまで増加した。その後，養護老人ホームの施設数はそれほど増加しなかったが，他の2種類の施設は着実に増加した。

　なお，1968（昭和43）年には全国社会福祉協議会によって，全国的な規模で寝たきり老人の実態調査がはじめて実施され，その深刻な状態がはじめて明らかになった。この調査は，その後の老人福祉対策に大きなインパクトを与えた。

　昭和40年代後半になると老人ホームにおける処遇のあり方が問われるようになってきた。たとえば，1972（昭和47）年に発表された中央社会福祉審議会老人福祉専門分科会の「老人ホームのあり方に関する意見」は，老人ホームを

「収容の場」から「生活の場」へ転換することを提言した。この視点はその後の老人ホームの処遇にも大きな影響を与え，個室化や食事のバイキング方式など，処遇の質の向上につながった。

　さらに，この時期の終盤にあたる1973（昭和48）年は「福祉元年」といわれた時期で，経済の高成長を基盤にして福祉の充実が図られた。たとえば，高齢者福祉に関しては，当時，一部の福祉に熱心な地方自治体で実施されていた高齢者の医療費の公費負担制度を全国的な制度とするために，1973（昭和48）年に老人福祉法を改正して「老人医療費支給制度」が新たに創設された。この制度は財政的な負担が過大になったためその後見直されて，老人保健法制定のきっかけともなった。

（4）昭和50年代の高齢者福祉の進展

　この時期の特徴としてまず指摘しなければならないのは，在宅福祉や地域福祉が強調されるようになり，実際に制度化も進められたということであろう。たとえば，1978（昭和53）年には寝たきり老人短期保護事業（ショートステイ），翌1979（昭和54）年にはデイサービス事業がはじまった。これによって，ホームヘルプサービスも含めて，後に「在宅福祉の3本柱」と呼ばれる3つのサービスが出そろい，名目ともに在宅福祉の時代がはじまったのである。

　また，それまでの貧困をベースにした老人福祉対策という性格が対人サービスとしての老人福祉へと転換していく新しい段階がはじまったのもこの時期の後半のことであった。たとえば，1979（昭和54）年に全国社会福祉協議会は『在宅福祉サービスの戦略』を発刊し，今後は貨幣的なニーズよりも非貨幣的なニーズが重要になってくるとした。また，1982（昭和57）年には家庭奉仕員制度の有料化が制度化され，所得の多寡にかかわらずこのサービスが利用できるようになった。なお，その当時は有料化には反対や批判も大きかった。

　1982（昭和57）年には老人保健法が制定された。この法律は当時膨れ上がっていた老人医療費の問題に対処することが大きな目的であった。そのために，疾病の予防・治療・リハビリテーションの対策を保健事業として総合的に実施するとともに，老人医療については本人の一部負担が導入された。

（5）昭和60年代の高齢者福祉の進展

　この時期に大きな社会問題になっていたのは，高齢者の社会的入院の問題であった。社会的入院とは入院治療が必要な病気はすでによくなっているにもかかわらず，退院ができずにそのまま入院を継続している状態のことである。当時，このような問題に対応するために，病院と家庭あるいは老人ホームの中間に位置する「中間施設」に関する議論が盛んに行われた。その結果，1986（昭和61）年に新しく「老人保健施設」が創設された。なお，実際の整備は1988（昭和63）年からはじめられた。老人保健施設は，病状安定期にあり，入院治療は必要ないが，リハビリテーション，看護，介護を中心とした医療ケアが必要な人を対象として，家庭復帰を目的に各種サービスを提供する施設と位置づけられた。

　この頃までにわが国の高齢化はかなり進展していた。ちなみに，1985（昭和60）年の高齢化率は10.3％であった。そのために，高齢者福祉だけでなく，社会全体のシステムを見直すための取り組みも進められるようになった。たとえば，1985（昭和60）年には当時の厚生省内に「高齢者対策企画推進本部」が設置され，翌年には「高齢者対策企画推進本部報告」が発表された。この報告書は，当時のわが国の社会制度が人生50年時代のものであり，これを人生80年時代に対応した制度に転換するとした。

　同じく，1985（昭和60）年に「長寿社会対策関係閣僚会議」が内閣に設置された。これは関係各省庁間の連絡を密にして総合的に高齢化対策に取り組むために設置されたものであった。翌年には高齢化対策の指針ともいえる「長寿社会対策大綱」が策定された。この取り組みは後の「高齢社会対策基本法」（1995年），「高齢社会対策大綱」（1996年）へと受け継がれた。

　また，この時期は社会福祉の改革が進められはじめた時期でもあった。当時の厚生省は長寿社会にふさわしい社会福祉のあり方を検討するために，1986（昭和61）年に福祉関係の3審議会による合同企画分科会を設置した。この合同企画分科会は，たとえば社会福祉士と介護福祉士という新しい資格制度の創設にあたって意見具申をした他に，多くの問題について検討を行ったが，1989（平成元）年に「今後の社会福祉のあり方について」という意見具申を行った。

これはその後の社会福祉関係の法律を改正しようとした「老人福祉法等の一部を改正する法律」の基盤となった。

3　平成以降の高齢者福祉

（1）高齢者福祉サービスの拡充

　この時期には高齢者の介護問題がそれまでになくクローズアップされた。1989（平成元）年に当時の厚生省に「介護対策検討会」が設置され，その年のうちに報告書が発表された。その報告書では，「いつでも，どこでも，誰でも利用できる介護サービス」の創設が目標とされた。この同じ年の12月には，「高齢者保健福祉推進10か年戦略（ゴールドプラン）」が発表された。これは1999（平成11）年度末をめどに，ホームヘルパーを10万人，ショートステイを5万床，デイサービスを1万か所，在宅介護支援センターも1万か所，特別養護老人ホームは24万床，老人保健施設は28万床というように在宅も施設のサービスも大幅に拡充するという計画であった。

　翌年の1990（平成2）年には「老人福祉法等の一部を改正する法律」が制定され（いわゆる福祉八法改正），老人福祉法も改正された。この法律改正によって，老人ホーム入所の措置権が市町村に委譲され，市町村が在宅から施設までの総合的なサービス提供をできるようになった。また，デイサービス等の新しい在宅福祉サービスが社会福祉事業法に位置づけられ，名実ともに在宅福祉が重視されることになった。計画的に高齢者の保健福祉サービスを拡充しようとする老人保健福祉計画の規定もこのときに老人福祉法に盛り込まれた。

　1994（平成6）年も高齢者福祉の改革にとっては重要な年であった。まず，3月に「21世紀福祉ビジョン」が発表された。これは今後，社会福祉を推進していくための指針として発表されたものであった。活力の維持，自立，適正負担・適正給付といった用語がこの報告書のキーワードであった。

　変化は急激で，この年の9月には社会保障制度審議会の社会保障将来構想委員会が第二次報告を発表し，高齢者介護分野に社会保険方式を導入するという提言が示された。また，この年の12月にはゴールドプランを改正した「新ゴー

ルドプラン」が発表され，利用者本位，自立支援，普遍主義といった今後の介護サービスの原則を示すとともに，1999（平成11）年度末のサービス達成目標も上方修正された。

（2）介護保険制度の検討と高齢者福祉の進展

　さらに，1994（平成6）年12月には当時の厚生省から「新たな高齢者介護システムの構築を目指して」という報告書が発表された。この報告書は，これまで基本的に家族に負わされていた高齢者の介護責任を社会の責任として新たな制度化をしようとするものであった。そのために，この報告書は，税金を財源とするのではなく，社会保険方式を用いた公的介護保険を導入し，サービス提供についてはケアマネジメントの手法を取り入れることを提言した。なお，これはその後の介護保険制度創設の基盤となった報告書である。この報告書をもとにして，翌1995（平成7）年には介護保険制度の創設についての審議が老人保健福祉審議会ではじめられた。そして，1996（平成8）年4月に「高齢者介護保険制度の創設について」と題された最終報告書が発表された。その後，この報告書をもとにして同年6月には「介護保険法案」が作成された。その後も紆余曲折を経て，1997（平成9）年12月に介護保険法として成立した。実施は，2000（平成12）年4月と定められた。

　そして予定通り2000（平成12）年4月から介護保険制度はスタートし，以後の高齢者福祉は介護保険制度を中心にして展開することになった。要介護（支援）認定を受ける人の数も2000（平成12）年4月末には約218万人だったものが，2005（平成17）年3月には約408万人とほぼ倍増した。

　そして2006（平成18）年には，介護保険法の改正が行われ，介護予防をキーワードにして，介護予防事業や介護予防支援の制度が創設され，自立支援がさらに強化されることになった。また，地域包括支援センターが新たに創設され，高齢者に関する総合相談や権利擁護事業がはじまった。さらに，同年には高齢者虐待防止法も施行され，市町村を中心に取り組みがはじめられた。

　また，2008（平成20）年度には「高齢者の医療の確保に関する法律」が施行され，75歳以上の後期高齢者に対する医療保険制度が創設された。

　その後，2012（平成24）年には「認知症施策推進5か年計画（オレンジプラ
ン）」，そして2015（平成27）年には，それをいっそう強化した「認知症施策推
進総合戦略（新オレンジプラン）」が策定され，認知症対策の推進が図られた。
また，2014（平成26）年には，「地域における医療及び介護の総合的な確保を推
進するための関係法律の整備に関する法律」（医療介護総合確保推進法）が制定
され，医療と介護のあり方が見直され，地域包括ケア等の取り組みが推進され
ることになった。
　その後，2021（令和3）年4月に改正社会福祉法が施行された。それによっ
て，これまで，老人，児童，障害者というように専門分化されていた社会福祉
における支援が改められ，誰もが生きがいをもって暮らすことのできる「地域
共生社会」の創生が目指されることになった。

　学習課題
①　全国社会福祉協議会『在宅福祉サービスの戦略』を読んで，非貨幣的ニーズが重
　視されるようになったことの意義を考えてみよう。
②　老人福祉の歴史から何を学んだのか，整理してみよう。

第Ⅱ部

高齢者の生活にかかわる
法制度の仕組み

第4章

介護保険法

本章では，介護保険制度の仕組みを説明する。高齢者の支援にあたって，まず知っておくべき制度は，介護保険制度であろう。2000（平成12）年にスタートした介護保険は，おおよそ3年ごとに改定が行われ，複雑化，高度化してきている。利用者負担割合は所得に応じて1割から3割までとなり，「地域包括ケア」という理念が定められ，介護老人福祉施設の入所対象は原則，要介護3以上とされ，障害者との共生型サービスや介護医療院の登場，科学的介護のデータ蓄積を目指す「LIFE」の導入等がはじまっている。要介護認定，介護報酬の仕組みをよく理解しておくことも大切である。

1 介護保険制度の目的と基本理念

（1）介護保険法の登場と基本的性格

急速な超高齢社会の到来が予測されていた日本では，1990年代より将来に向けての布石としての準備が行われてきた。ゴールドプランをはじめとする介護サービスの量的な基盤整備とともに，介護サービスの外部化・社会化への転換を目指していた。一方，特別養護老人ホームへの入所措置等を代表とする行政措置（行政行為）制度では，対応できる量的限界があり，利用者による選択は行いにくく，さらに応能負担は中高所得者の利用を向上させにくかった。そこで，ゴールドプラン21では，「活力ある高齢者像の構築」「高齢者の尊厳の確保と自立支援」「支え合う地域社会の形成」「利用者から信頼される介護サービスの確立」が向かうべき方向性として示された。そして，老人保健福祉審議会の

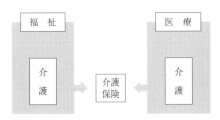

図4-1　介護保険制度創設のイメージ
出所：筆者作成。

検討を経て，「高齢者の介護を社会全体で支えあう仕組み」が提唱された。これらの経過を踏まえ，1997（平成9）年12月に介護保険法が成立し，2000（平成12）年4月に介護保険制度がスタートした。

　介護保険制度と聞くとまったく新しい制度が一から作られたようなイメージが湧くかもしれないが，従来，老人福祉法の枠組みの中で行われていた介護（たとえば，特別養護老人ホームやホームヘルプサービスの介護）と医療制度の枠組みの中で行われていた介護（たとえば，介護老人保健施設や訪問看護，より広くとらえるならば社会的入院という介護）をそれぞれ切り取り，合体させ，ケアマネジメントで結びつけるようなイメージの方がわかりやすい（図4-1）。

　「措置」による限定的な介護サービスの提供から，「契約」「自己選択」を基本とする社会保険による介護サービスの普遍化が実現し，これにより，介護サービスの利用者は大きく拡大していった。厚生労働省「第8期介護保険事業計画に基づく介護職員の必要数について」によると，2000（平成12）年当時で，全国で55万人いた介護職員は，20年が経過した2020（令和2）年には約200万人を超えるまで増えている。

　日本で5番目にできた社会保険である介護保険の性格は，ドイツの介護保険をモデルに導入され，カナダやイギリス等のケアマネジメント手法を制度に組み込んでいること，北欧のように住民に最も身近な地域である市町村単位で介護サービスを展開しているといったところで特徴づけられる。

（2）介護保険制度の目的と基本理念

　介護保険の目的は，介護保険法第1条に示されている通りで，「加齢に伴っ

て生ずる心身の変化に起因する疾病等により要介護状態となり，（中略）医療を要する者等について，これらの者が尊厳を保持し，その有する能力に応じ自立した日常生活を営むことができるよう，必要な保健医療サービス及び福祉サービスに係る給付を行うため，国民の共同連帯の理念に基づき介護保険制度を設け，（中略）国民の保健医療の向上及び福祉の増進を図ること」を目的としている。「尊厳」と「自立」という2つのキーワードが規定されている。

　第2条では，要介護高齢者が可能な限り自宅で生活できるよう配慮することが規定されている。また，国民の共同連帯の理念とは，人々がお互いに支え合い，助け合うという相互扶助の精神を指す。さらに，第4条では，「国民の努力及び義務」が述べられており，介護が必要にならないように自分で予防し，健康の保持と増進に努めること，介護が必要な場合になっても，リハビリテーション，保健医療サービス及び福祉サービスを利用し，現能力の維持向上に努め，介護保険事業に要する費用を公平に負担することが定められている。

（3）介護保険法の改定と変遷

　介護保険制度における改定の歴史は，表4-1の通りである。介護保険事業計画は3年を1期として見直しがなされ，介護保険法の改正や介護報酬の改定もおよそ3年ごとである。

　2003（平成15）年には，はじめての介護報酬の見直しが行われた。介護報酬とは介護サービスの請求事務（レセプト）体系のことで，狭い意味では介護サービスの単位数を表す。この介護報酬の見直しのことを介護報酬改定という。2003（平成15）年の改定では，在宅サービスを利用する人と施設サービスを利用する人の公平性を図る意味で，後者にも食費負担，滞在費負担が求められるようになった。2006（平成18）年から第3期がはじまり，診療報酬との同時改定が行われた。要介護状態になることを予防する重度化を防止するという意味での「介護予防」という考え方が打ち出され，地域支援事業がスタートした。原則的にその市町村の住民を対象とし，事業所の指定権限も市町村がもつ地域密着型サービスがはじまり，介護サービス情報の公表という仕組みもはじまった。第5期である2012（平成24）年には医療や介護が必要な状態になっても，

表 4-1　介護保険法における改正の歴史

期	年	介護保険改正のポイント
	1997（平成 9）年	介護保険法ができる。
第 1 期	2000（平成 12）年〜	介護保険制度が開始。
第 2 期	2003（平成 15）年〜	平成17年改正（平成17年10月施行）。施設サービスの利用者に食費負担，滞在費負担が求められるようになった。同時にそのことに対する補助制度（補足給付：特定入所者介護サービス費）もはじまった。
第 3 期	2006（平成 18）年〜	平成17年改正（平成18年4月等施行）。介護予防の視点から，要支援者への給付が予防給付になる。地域包括支援センターが創設される。地域密着型サービスがはじまる。介護サービス情報の公表という仕組み（第12章参照）がはじまった。
第 4 期	2009（平成 21）年〜	平成20年改正（平成21年5月施行）。介護従事者の人材確保・処遇改善がはじまる。医療との連携や認知症ケアの充実が強調される。
第 5 期	2012（平成 24）年〜	平成23年改正（平成24年4月等施行）。地域包括ケアの概念が登場する。24時間対応の定期巡回・随時対応サービスや複合型（現看護小規模多機能型居宅介護）サービスが創設される。介護予防・日常生活支援総合事業が創設される。介護職員によるたんの吸引等医療行為における医療的ケアの仕組みができる。有料老人ホーム等における前払金の返還に関する利用者保護（第6章参照）ができる。
第 6 期	2015（平成 27）年〜	平成26年改正（平成27年4月等施行）。地域包括ケアシステムの構築に向けた地域支援事業の機能強化（在宅医療・介護連携，認知症施策の推進等）がはじまる。予防給付（介護予防訪問介護・介護予防通所介護）の市町村が取り組む地域支援事業（介護予防・日常生活支援総合事業）への移行がはじまる。特別養護老人ホーム（介護老人福祉施設）の入所者は原則要介護度3以上（中重度者）となる。所得の高い利用者の自己負担割合2割という仕組みが導入される（平成27年8月）。介護人材確保対策の推進が行われる。
第 7 期	2018（平成 30）年〜	平成29年改正（平成30年4月等施行）。自立支援・重度化防止に向けて取り組みが強調される。介護医療院が創設される。所得の高い利用者の自己負担割合3割という仕組みが導入される。障害者との共生型サービスができる。介護医療院ができる。自立支援・重度化防止につながる介護サービスの実施が強調される。
第 8 期	2021（令和 3）年〜	令和2年改正（令和3年4月施行）。ケアの質の向上を図る取り組み（LIFEというデータ提出とフィードバックによる科学的介護の導入）がはじまる。市町村の包括的な支援体制の構築の支援が強調される。

出所：厚生労働省老健局（2022）「介護保険制度をめぐる最近の動向について」をもとに筆者作成。

可能な限り，住み慣れた地域でその有する能力に応じ自立した生活を続けることができるよう，医療・介護・予防・住まい・生活支援が包括的に確保される「地域包括ケアシステム」という考え方が登場した。第6期である2015（平成27）年には介護老人福祉施設（特別養護老人ホーム）に入所できる人は，原則，要介護3以上となった。さらに，予防給付の訪問介護・通所介護を地域支援事業の介護予防・日常生活支援総合事業への移行，一定以上所得のある人の2割負担導入，第7期である2018（平成30）年からは，所得の高い利用者の自己負担割合3割という仕組みが導入され，地域包括ケアシステムの深化・推進の柱として自立支援・重度化防止という考え方がより積極的に扱われるようになった。また，障害者との共生型サービス，介護医療院が登場し，「地域共生社会」の実現に向けた取り組みの推進が行われている。第8期である2021（令和3）年からは，科学的介護情報システム「LIFE（Long-Term Care Information System For Evidence)」を用いたケアの質の向上を図る取り組みがはじまっている。

2　介護保険制度の具体的内容

（1）介護保険制度の概要

　介護保険サービスを利用する場合，被保険者は，要介護認定の申請を行い，調査を受ける必要がある。認定の結果，要介護・要支援状態に該当した場合は，介護保険サービスを利用できる。居宅サービスの場合は，居宅介護支援事業所と契約し，介護支援専門員（ケアマネジャー）にケアプラン（居宅介護（介護予防）サービス計画）を作成してもらう場合が一般的である。相談面接を通じて，介護や生活上の課題，困り事（課題）を明らかにし，ニーズを明確化する。介護支援専門員は，利用者がつながる社会資源の窓口となり，サービス担当者会議等を通じて，利用者や家族のニーズと介護サービス事業所や社会資源とのマッチング調整，モニタリングを行っていく。サービスの提供にあたっては，1～3割の利用者負担がある。また，介護サービス事業所は，国民健康保険団体連合会に介護給付費の請求を行う。事業所や施設への介護報酬の支払いを

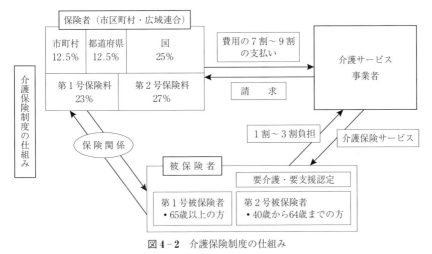

図 4 - 2　介護保険制度の仕組み

出所：厚生労働省「介護保険制度について」(https://www.mhlw.go.jp/content/12300000/000614771.pdf
2022年 3 月21日閲覧）2 頁。

行った国民健康保険団体連合会は，介護保険の保険者である市町村に対して，
その請求を行う。この保険者の財源（特別会計）は，税金（公費）と保険料から
成り立っている。国や都道府県の負担もあり，介護保険料の徴収にあたっては，
年金保険者や医療保険者が重層的に介護保険制度を支える仕組みとなっている
（図 4 - 2 ）。

（2）介護保険の保険者と被保険者

　介護保険制度は，介護を社会保険で担う仕組みである。介護保険制度の保険
者は，市町村（東京23区すなわち特別区を含む）である。全国に市町村は1700ほ
どあるが，人口や財政の規模が小さいと安定した運営が困難になることから，
複数の市町村連合体で保険者となる「広域連合」や要介護認定といった一部の
事務のみを共同運営する「一部事務組合」といった形態もある。
　介護保険の保険者は，①被保険者資格の管理，②要介護認定・要支援認定の
実施，③保険の給付，④サービス提供事業者の指定や指導，⑤地域支援事業及
び保健福祉事業の実施，⑥市町村介護保険事業計画の策定（地域密着型介護サー
ビス事業所数等を計画で定めること），⑦保険料の設定等を行っている。

　介護保険の対象となる被保険者は，40歳以上と年齢が定められている。具体的には市町村の区域内に住所を有する65歳以上の人を第1号被保険者，市町村の区域内に住所を有する40歳以上65歳未満で医療保険に加入している人を第2号被保険者という。第1号被保険者は，①住所がある，②年齢という2つの要件で定義されており，第2号被保険者は，①住所がある，②年齢，③医療保険加入者という3つの要件で定義されている。したがって，これらの要件を満たす40歳以上の人が介護保険料を支払い，介護保険の介護サービスを利用することができる仕組みとなっている(2)。

　介護保険の財源は，税金（50％）と介護保険料（50％）で運営されている。第1号保険料23％と第2号保険料27％の割合は，それぞれの人口比率により変動する仕組みが採用されている。

（3）介護保険料

　介護保険の被保険者が毎月払う介護保険料（以下，保険料）は，介護保険サービスを利用しているいないにかかわらず，すべての被保険者が支払う。社会保険である以上，被保険者が，保険料を支払うことは義務である。仮に，介護保険サービスを利用しなければ，掛け捨てのような性格になるが，いつでも介護保険サービスを利用できるという安心感は大きい。

　老齢年金，遺族年金，障害年金を年額18万円以上受給している第1号被保険者は，年金からの天引き(3)（特別徴収）で保険料を納めることになる。年金の受給額が年額18万円未満の人は，普通徴収(4)（個別徴収）となる。第2号被保険者の場合，加入している医療保険料に介護保険料が上乗せされ，納めることとなる。また，40歳から64歳で医療保険に加入していない人は，介護扶助（生活保護法）の対象となる。

　保険料の設定や軽減の基準は，保険者によって異なる。保険者ごとに所得の低い第1号被保険者の保険料は，基準額よりも段階的に軽減される。2015（平成27）年度からは，この低所得者向けの軽減措置が拡充された。所得に応じた保険料の区分けは，原則9段階（これは国の基準であり，保険者の裁量でさらに細かく分けることができる）であり，所得の低い第1段階・第2段階の被保険者に

対して7割の軽減，第3段階は，5割や3割の軽減となる。この措置のために別の公費が投入されている。また，高所得者の保険料は高くなり，たとえば最大で基準額×1.7となる。

（4）住所地特例

　介護保険においては，住所地である市町村の被保険者となることが原則であり，これを住所地主義という。「住所地特例」とは介護老人福祉施設，介護老人保健施設，介護医療院，介護療養型医療施設である介護保険施設，有料老人ホーム，ケアハウス，養護老人ホームといった特定施設（以下，施設等）に入所または入居した被保険者が，その施設等の所在地に住所変更した場合でも，その施設等に入所・入居する前の住所地（市町村）の保険者の被保険者のままとなることである。それは，施設等に住所を移した人を所在地にある被保険者にすると，施設等がある市町村に介護給付（支出）が集中し，その市町村の介護保険財政を圧迫することになるからである。

　図4-3の場合，最終的にC市の介護保険施設に入所しているが，施設に入所する前に在宅していたA市の被保険者となる。2015（平成27）年度からは，「サービス付き高齢者向け住宅」にも住所地特例が適用されるようになっている。

図4-3　住所地特例の例

出所：筆者作成。

（5）適用除外

　障害者総合支援法上の生活介護及び施設入所支援を受けている指定障害者支援施設等といった法律で定められた施設に入院・入所している人は，介護保険の被保険者とならず，保険料の支払いもない。これらの施設は，介護保険のサービスと同等なサービスを自己完結的に提供できるためである。このような仕組みを「適用除外」という。

（6）介護保険制度の利用者

　第１号被保険者の場合，市町村が行っている要介護・要支援認定で要支援または要介護状態と認定された人である。第２号被保険者の場合，要介護・要支援状態であったとしても，介護が必要な状態となった要因が，政令で定める16種類の特定疾病に該当しなければ介護保険サービスを利用することはできない。

（7）要介護・要支援認定の仕組みとプロセス

　要介護認定とは，介護が必要な状態に該当するかを全国一律の基準により，客観的に確認する行政行為である。申請は，市町村の窓口に行うが，居宅介護支援事業者等に代行を依頼することも可能となっている。

　認定調査は，市町村の訪問調査員が訪問し，被保険者に面接を行い，心身の状況，置かれている環境等の聞き取り調査を行うものである。調査票は，概況調査，基本調査，特記事項の３つから構成され，概況調査とは，被保険者の基本的な個人情報やフェイスシートに相当するものである。基本調査は，74項目からなる選択式になっている。

　基本調査のデータをコンピュータ処理したものが，一次判定結果となる。これは，５分野（直接生活介助，間接生活介助，BPSD 関連行為，機能訓練関連行為，医療関連行為）について，要介護認定等基準時間を算出し，その時間と認知症加算の合計をもとに要支援１・２と要介護１・２・３・４・５に判定するものである。また，要介護者，要支援者のいずれにも該当しない場合は，非該当＝自立と判定される。特記事項とは，対象者の日常生活の様子等が具体的に浮かぶように，基本調査の項目ごとに文章で記述するものである。

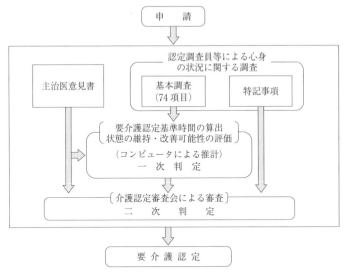

図 4-4　要介護認定の流れ

出所：厚生労働省老人保健課「要介護認定の仕組みと手順」(https://www.mhlw.go.
jp/file/05-Shingikai-11901000-Koyoukintoujidoukateikyoku-Soumuka/0000126240.
pdf　2022年 3 月21日閲覧)。

　「介護認定審査会」(介護保険法第14条) は，最終的に審査・判定する医療，保
健，福祉の学識経験者で構成される合議体会議である。介護認定審査会は，基
本調査の調査結果及び主治医意見書に基づくコンピュータ判定の結果 (一次判
定) を原案として，特記事項及び主治医意見書の内容を加味したうえで決定
(二次判定) を行う。なお，合議体の委員の定数は，5 人を標準として市町村が
定めることになっている (介護保険施行令第 9 条第 3 項)。

　「主治医意見書[(7)]」とは，市町村が主治医に対して，身体上または精神上の障
害が原因である疾病または負傷の状況等について意見を求める書類である。

　介護認定審査会の審査・判定に基づいて，市町村が認定を行う。結果は，原
則として30日以内に通知され，認定結果 (効力) は申請日にさかのぼって適用
される。その認定通知の結果に納得できない場合は，都道府県の「介護保険審
査会[(8)]」に不服申し立てをすることが可能であるが，実際には，「区分変更申請」
がなされることが多い。区分変更申請とは，有効期間満了前であっても，いつ

でも要介護度の変更の申請ができる仕組みである。心身の状態が変化し，介護度が変わると見込まれた場合に申請できる（図4-4）。

認定の有効期間は，厚生労働省令で定められており，介護認定審査会で決定される。要介護・要支援認定は，有効期間満了前に更新手続きが必要で，更新の申請は，要介護認定の有効期間満了日の60日前から受け付けが開始される。引っ越しを行った場合，転入手続きにより，認定を引き継ぐことができ，原則として，あらためて要介護認定を受ける必要はない。

要介護認定の有効期間は，①要介護，要支援（新規）認定の有効期間は原則6か月（市町村が必要と認める場合は，3か月から12か月），②要介護，要支援更新認定の有効期間（要介護，要支援状態区分が更新前後で異なる場合）は原則12か月（市町村が必要と認める場合は，3か月から36か月），③要介護，要支援更新認定の有効期間（要介護，要支援状態区分が更新前後で同じ場合）は原則12か月（市町村が必要と認める場合は，3か月から48か月）となる。つまり，前回の介護度と同じ介護度の場合のみ，48か月の期間となる。

（8）介護報酬の概要

介護報酬とは，事業者が利用者に介護サービスを提供した場合に，その対価として事業者に対して支払われる報酬のことである。介護サービスの対価として，それを請求する仕組みは，診療報酬に似ている。しかし，介護保険は医療保険とは異なり，あくまでも現物給付化した制度である。つまり，本来の償還払いの仕組みをサービスごとに「法定代理受領」という手続きを用い，自己負担分の支払いのみで利用できる仕組みとしている。また，点（点数）ではなく，単位（単位数）という表現を用いる。一単位あたりの金額（単価）は，介護事業所の所在地（1級地から7級地＋その他までの計8段階）や介護サービスの種類によって10円から11.40円に定められている。

居宅サービスや地域密着型サービスの場合，要介護度別に1か月間に利用できるサービスの限度額，つまり上限単位数（支給限度基準額）が設けられている点や，ケアマネジャーのいる居宅介護支援事業所等から給付管理票が提出され，国民健康保険団体連合会で各事業所からの請求情報と突合される点，請求は

サービスごとである点等が診療報酬と異なる。

　介護報酬の改定は 3 年に一度行われる。したがって，6 年に一度は医科診療報酬と同時改定となる。診療報酬が，中央社会保険医療協議会で検討されるのに対し，介護報酬は，社会保障審議会の介護給付費分科会で検討される。

3　保険給付と介護保険事業計画

（1）介護給付と予防給付

　給付は，介護保険から提供されるサービスのことである。つまり，通所介護（デイサービス）や訪問介護，介護保険施設等である。日本の場合，ドイツにおける介護保険と異なり，家族への現金給付はない。すべて，現物（サービス）給付となる。

　介護保険の被保険者は要介護または要支援の認定を受けることで，サービスを利用することができるようになるが，要介護 1・2・3・4・5 に認定された人は，介護給付（介護サービス）を利用することができ，要支援 1・2 と認定された人は，予防給付（介護予防サービス）を利用することができる。

　介護給付には，都道府県が指定監督を行ういわば広域型のサービスである居宅サービス，住宅改修，介護支援サービスである居宅介護支援（ケアマネジメント），市町村が指定監督を行う地域密着型サービス，施設サービスがある。介護老人福祉施設（特別養護老人ホーム）は，原則，要介護 3 以上の人が対象となる。2017（平成29）年の介護保険法の改定によって，2018（平成30）年 4 月より新たな施設サービスとして，「介護医療院」が創設され，これに伴い介護療養型医療施設は2024年までに廃止されることになっている。また，福祉用具貸与に関しては，軽度者に対するベッドや車いすの場合には，根拠となる理由がないと利用できないことがある。

　予防給付には，介護予防の居宅サービス，介護予防住宅改修，介護予防支援（ケアマネジメント），介護予防の地域密着型サービス等がある。予防給付には，施設給付はない。要支援を対象とする介護予防地域密着型サービスの場合は，介護給付と比べて存在しないサービスがある。

表4-2　介護保険サービスの一覧

	介護給付 要介護1・2・3・4・5の人が利用できるサービス	予防給付 要支援1・2の人が利用できるサービス	総合事業
都道府県が指定・監督を行う（広域型）	**訪問サービス** ①訪問介護 ②訪問入浴介護 ③訪問看護 ④訪問リハビリテーション ⑤居宅療養管理指導 **通所サービス** ⑥通所介護 ⑦通所リハビリテーション **短期入所サービス** ⑧短期入所生活介護 ⑨短期入所療養介護 **その他サービス** ⑩特定施設入居者生活介護 ⑪福祉用具貸与 ⑫特定福祉用具販売	**訪問サービス** ①介護予防訪問入浴介護 ②介護予防訪問看護 ③介護予防訪問リハビリテーション ④介護予防居宅療養管理指導 **通所サービス** ⑤介護予防通所リハビリテーション **短期入所サービス** ⑥介護予防短期入所生活介護 ⑦介護予防短期入所療養介護 **その他サービス** ⑧介護予防特定施設入居者生活介護 ⑨介護予防福祉用具貸与 ⑩特定介護予防福祉用具販売	
住宅改修	住宅改修※1	介護予防住宅改修	
介護支援サービス	居宅介護支援	介護予防支援	介護予防ケアマネジメント
市町村が指定・監督を行うサービス（地域密着型）	①定期巡回・随時対応型訪問介護看護 ②夜間対応型訪問介護 ③認知症対応型通所介護 ④地域密着型通所介護※1 ⑤小規模多機能型居宅介護 ⑥認知症対応型共同生活介護 ⑦地域密着型特定施設入居者生活介護 ⑧地域密着型介護老人福祉施設入所者生活介護 ⑨看護小規模多機能型居宅介護	①介護予防認知症対応型通所介護 ②介護予防小規模多機能型居宅介護 ③介護予防認知症対応型共同生活介護	**介護予防・生活支援サービス** ①訪問型サービス ②通所型サービス ③生活支援サービス **一般介護予防事業** ①介護予防把握事業 ②介護予防普及啓発事業 ③地域介護予防活動支援事業 ④一般介護予防事業評価事業 ⑤地域リハビリテーション活動支援事業
施設サービス	①介護老人福祉施設 ②介護老人保健施設 ③介護療養型医療施設 ④介護医療院	なし	

注：※1は平成28年度から。
出所：筆者作成。

　介護保険の給付ではなく，市町村における地域支援事業の介護予防・日常生活支援総合事業がある。2018（平成30）年度からは介護予防訪問介護と介護予防通所介護は，予防給付ではなくなり，介護予防・日常生活支援総合事業へ再編された。

（2）居宅介護支援と介護予防支援

　介護サービスを現物給付化して利用するには，居宅介護支援事業所や介護予防支援事業所と契約するか，自分で居宅介護サービス計画を作成することをあらかじめ市町村に届け出る必要がある。

　サービスの管理・コーディネートを行う専門職が，介護支援専門員（ケアマネジャー）で，ソーシャルワーカーの一翼を担っている。介護支援専門員は，アセスメントを通じてケアプランを作成し，サービス事業者や関係機関等を招集したサービス担当者会議を主催するとともに，必要に応じて関係者間で連絡調整し，サービス利用票（計画と実績）等を毎月，担当の介護保険課に提出する他，更新認定時には，更新申請の支援を行い，あらためてケアプランを見直したうえ，作成・提出することが必要となる。

（3）利用者負担

　介護保険サービスにおける利用者負担は，介護報酬をもとに計算された10割のサービス利用金額に対して，原則１割または２割か３割である。このような仕組みを応益負担という。２割負担は2015（平成27）年８月から実施された。利用者負担割合は，要介護認定を受けての第１号被保険者における地方税法の合計所得金額（収入から必要経費等を控除した額）により決定され，介護保険負担割合証に記載される。2018（平成30）年８月からは，さらに所得の高い人が３割負担になっている。要介護（要支援）認定を受けている第２号被保険者は，１割負担である。居宅介護支援サービスと介護予防支援サービスには利用者負担がない。また，施設サービス等を利用した場合の居住費と食費は原則として利用者が全額負担となるが，所得の低い人の負担軽減として特定入所者介護サービス費という補足給付が設けられている。また，利用者負担の軽減制度と

して，社会福祉法人等による利用者負担の軽減制度や高額介護（介護予防）サービス費[15]，高額医療・高額介護合算療養費制度[16]がある[17]。

（4）介護保険事業計画と介護保険運営協議会等

　介護保険の保険者である市町村は3年ごとに3年を1期とする「介護保険事業計画」を作成しなければならない。この期間の人口動態，被保険者数・前期高齢者数・後期高齢者数・要介護認定者数の推計，必要とされる介護サービスの総量を推定し，介護保険料を算出する。

　市町村の介護保険事業計画は，介護保険法第117条にて，市町村は基本指針に即して，3年を1期とする介護保険事業に係る保険給付の円滑な実施に関する計画を作成することが定められている。「基本指針」においては，市町村介護保険事業計画作成委員会等の開催にて，介護保険計画の策定にあたっては「幅広い関係者から構成される市町村介護保険事業計画策定委員会等」を開催して意見集約をすることが重要であるとされ，そのために介護保険運営協議会のような名称の審議会が置かれる場合がある。

　介護保険運営協議会等では，市長等の諮問に応じ，介護保険事業計画の策定または変更に関することや，市の介護保険に関する施策実施状況の調査等を行う。介護保険事業計画は，老人福祉法の老人福祉計画と一体のものとして作成される必要がある（介護保険法第117条第6項）。国は，介護保険事業に係る保険給付の円滑な実施を確保するための基本的な指針を定める（同法第116条）。これは，市町村等が介護サービス量を見込むにあたり参酌する標準，ガイドラインを示すものである。都道府県は国の基本方針基本指針に即して，介護保険事業支援計画を作成する（同法第118条）。これは，介護保険施設等の各年度における必要定員総数（区域ごと）を定めるもので，都道府県知事は，介護保険施設等について，必要定員総数を超える場合に，指定等をしないことができる。さらに，都道府県介護保険事業支援計画では，被保険者の地域における自立した日常生活の支援，要介護状態等となることの予防または要介護状態等の軽減もしくは悪化の防止及び介護給付等に要する費用の適正化に関する取り組みへの支援に関する施策や関連する目標に関する事項を定めることとなっている。

注

⑴　介護サービス事業を行うには，介護保険法に基づく介護サービス事業者として認可を受けなければならない。このことを指定という。

⑵　したがって，介護保険サービスを利用できる人，たとえば，介護保険施設に入所できる人は65歳以上であるというように理解するのは誤りである。

⑶　自分に支払われる年金が手元にくるまでに，保険料があらかじめ引かれている仕組み。

⑷　口座振替や納付書で介護保険料を納付する仕組みのこと。

⑸　特定疾病とは，心身の病的加齢現象との医学的関係があると考えられる疾病であって次のいずれの要件をも満たすものについて総合的に勘案し，加齢に伴って生ずる心身の変化に起因し要介護状態の原因である心身の障害を生じさせると認められる疾病である。①65歳以上の高齢者に多く発生しているが，40歳以上65歳未満の年齢層においても発生が認められる等，罹患率や有病率（類似の指標を含む）等について加齢との関係が認められる疾病であって，その医学的概念を明確に定義できるもの。②3～6か月以上継続して要介護状態または要支援状態となる割合が高いと考えられる疾病。

　　特定疾病については，その範囲を明確にするとともに，介護保険制度における要介護認定の際の運用を容易にする観点から，個別疾病名を列記している（介護保険法施行令第2条）。がん（医師が一般に認められている医学的知見に基づき回復の見込みがない状態に至ったと判断したものに限る），関節リウマチ，筋萎縮性側索硬化症，後縦靱帯骨化症，骨折を伴う骨粗鬆症，初老期における認知症，進行性核上性麻痺，大脳皮質基底核変性症及びパーキンソン病，脊髄小脳変性症，脊柱管狭窄症，早老症，多系統萎縮症，糖尿病性神経障害，糖尿病性腎症及び糖尿病性網膜症，脳血管疾患，閉塞性動脈硬化症，慢性閉塞性肺疾患，両側の膝関節または股関節に著しい変形を伴う変形性関節症。

⑹　この要介護度判定ソフトが開発されるに先立ってある大規模な調査が行われた。それは，介護老人福祉施設や介護療養型医療施設等の施設に入所・入院している3500人の高齢者の生活について，48時間にわたり，どのような介護サービスがどれくらいの時間にわたって行われたかを調べたものである。1分間タイムスタディ・データと呼ばれているこの論理的な仕組みについては，各専門家から様々な指摘がなされている。

⑺　市町村からそれぞれの主治医に連絡がいくので，被保険者がその書類を持って病院に行くわけではない。また主治医がいない被保険者に対しては，医療機関の紹介がなされる。

⑻　介護保険審査会は，保険者の行った保険給付等に関する処分に対する不服申立の審理・裁決を行う第三者機関で，都道府県に設置されている。介護保険審査会は，

　　市町村の処分が法令，基準等に基づき適正に行われているかどうかを審査し，裁決する。

⑼　厚生労働省大臣が，介護保険に関する事務について発する命令。

⑽　償還払いとは，いったん費用の全額を支払い，後で申請することにより規定の額が払い戻される仕組みのこと。

⑾　手続きを法律的に省略し，指定居宅サービス事業者や介護保険施設が，利被保険者に代わって保険給付を受けること（代理受領）ができる仕組み。

⑿　要支援1・2及び要介護1と認定された者。

⒀　介護予防支援事業は，介護予防サービス計画といった要支援1・2と認定された人へのケアマネジメントであり，地域包括支援センターの中に設置されるが地域包括支援センターの業務ではない。

⒁　更新認定の場合，居宅介護支援事業所，地域包括支援センター，介護保険施設，指定市町村事務受託法人などに委託される場合がある。

⒂　社会福祉法人等が提供する次のサービスを利用する場合で，低所得で特に生計が困難な人及び生活保護受給中の人に対して，社会福祉法人の主体的協力で利用者負担を軽減する制度。

⒃　利用者が1か月に支払った自己負担額（1割から3割の利用者負担分）の世帯合計額が一定の上限額を超えた場合，高額介護（介護予防）サービス費として利用者負担の上限を超えた部分が介護保険で支給される仕組み。

⒄　同一世帯における，国民健康保険の自己負担額と介護保険の利用者負担額の1年間（毎年8月から翌年7月まで）の合計額が自己負担限度額を超えた場合，申請すると超えた額が「高額介護合算療養費」として支給される制度。

参考文献

厚生労働省「介護保険制度の概要」（https://www.mhlw.go.jp/stf/seisakunitsuite/bunya/hukushi_kaigo/kaigo_koureisha/gaiyo/index.html　2022年3月21日閲覧）。

内閣府（2021）『令和3年版高齢社会白書（PDF版）』（https://www8.cao.go.jp/kourei/whitepaper/w-2021/zenbun/03pdf_index.html　2022年3月21日閲覧）第2章「令和2年度高齢社会対策の実施の状況」第2節「分野別の政策の実施の状況」2「健康・福祉」。

福祉医療機構 WAM NET「介護保険制度解説」（https://www.wam.go.jp/content/wamnet/pcpub/kaigo/handbook/system　2022年3月21日閲覧）。

学習課題

①　身近な市町村の介護保険料月額基準額と介護保険料年額基準額を調べ，社会保険と社会福祉制度の違いについて考えてみよう。

② 介護保険給付のサービス内容を介護保険法や厚生労働省，市町村のホームページを参考にして具体的なイメージが湧くように調べ，利用者の視点から介護支援専門員がケアプランを立てる意味を考察してみよう。

③ 要介護認定や介護報酬の仕組みをより深く理解するために，要介護認定における基本調査項目用紙や介護報酬に使用する様式である介護給付費明細書等を閲覧してみよう。

～～～～～ コラム 介護保険施行20年からケアマネジメントを考える ～～～～～

1997（平成9）年に法制化され，2000（平成12）年にスタートした介護保険は，施行から20年を経た。介護保険がはじまる前，そしてはじまった直後は，介護サービス事業所・介護施設，居宅介護支援事業者，保険者である市町村，それを支える都道府県，国民健康保険団体連合会，年金保険者，医療保険者，コンピュータソフト会社等，それぞれの立場で本当に忙しかった。

確かに介護保険制度の正体は，高齢者福祉分野で行われてきた「介護」の部分と医療分野で行われてきた「介護」の部分をそれぞれ切り出し，くっつけて，再編成したものである。その意味では，介護保険は，一から新しくできた制度ではなく，福祉制度の延長線上にあるものといえる。

1985（昭和60）年から在宅高齢者福祉分野（社会福祉法人の経営するデイサービスセンター）で仕事をしてきた筆者にとって，このとき，戸惑ったのは，この「措置から契約への社会福祉のパラダイム転換」であった。社会保険制度という権利性のはっきりとした枠組み，民間活力を導入するという関係者の拡大，ケアマネジメントの価値や倫理をめぐって，様々な混乱があった。

制度開始当初は，ある訪問介護事業所から生活（家事）援助サービスを一日4時間入れるので，限度額いっぱいまでケアプランに位置づけてほしいと一方的に言われた。「介護サービスの回数や内容についてはアセスメントを経て，本人や家族の希望とともにケアマネジャーの必要性や判断といった妥当性に基づいて行うものです」と説明を繰り返した。

このような問題や行き違いは，それぞれの関係機関や職能団体の努力により，少しずつ落ち着きをみせて，一定の整理がなされてきた。この間に，介護保険制度の仕組みそのものはますます複雑化していった。

その間，ケアマネジャーが対応してきたいわゆる支援困難事例の数は減ることはな

かった。「ケアマネさんに相談（報告）してください」は多くの地域で聞かれた言葉である。単なる介護サービスのコーディネートではなく，生活（人生）の支援というところまで見据えたときに，ケアマネジャーの仕事（業務）範囲は，際限なくみえにくくなったりもした。はっきり言ってしんどいときもあり，自分の対応が正しかったのかどうか常に心を揺さぶられる。やはり，介護保険制度は，社会福祉制度の延長線上にあるものだと思う。社会保険がもつ画一的な部分だけでなく，常に，個別性，尊厳，自立に基づく支援が要求される。しかしながら，だからこそやりがいがある仕事なのだとつくづく思う。

第５章

介護保険法における地域支援事業

　本章では，地域支援事業について解説する。地域支援事業は，介護保険法に基づく事業である。介護保険制度には，介護給付や予防給付といった要介護者・要支援者への保険給付があるが，地域支援事業は保険給付とは別の「介護保険制度における市町村による事業」といえる。キーワードは，介護予防・日常生活支援総合事業，包括的支援事業，包括的支援事業の委託先である地域包括支援センター，地域包括ケアシステムである。介護予防・日常生活支援総合事業では，市町村ごとに介護予防・生活支援サービス（訪問型サービス，通所型サービス，生活支援サービス等）の取り組みが行われている。また，包括的支援事業の実施機関である地域包括支援センターでは，地域包括ケアシステムの構築に向けた様々な活動が展開されている。さらに地域包括支援センター（包括的支援事業）の機能強化として，在宅医療・介護連携推進事業，生活支援体制整備事業，認知症総合支援事業，地域ケア会議推進事業が各市町村の実情に応じて行われている。

1　地域支援事業の概要

（1）地域支援事業とは

　地域支援事業とは，介護保険法第115条の45の中に位置づけられる，市町村が主体で行う介護予防や生活支援等の事業のことで，要支援・要介護状態になることを防止し，要介護状態になった場合でも，できるだけ住み慣れた地域で自立した日常生活を営むことができることを支援するために2006（平成18）年

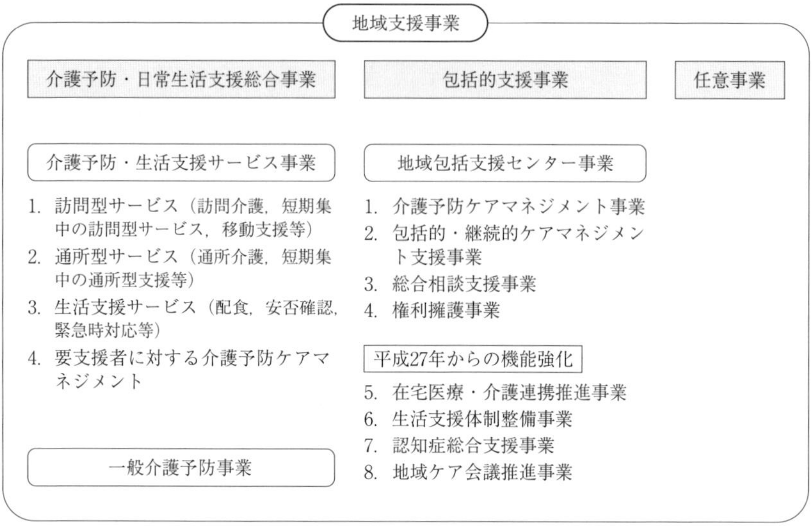

```
                      ┌─────────────────────┐
                      │      地域支援事業      │
┌─────────────────────┴─────────────────────┴────────────────────┐
│                                                                  │
│ ┌──────────────────────────┐  ┌──────────────────────┐ ┌─────┐ │
│ │  介護予防・日常生活支援総合事業  │  │     包括的支援事業      │ │任意事業│ │
│ └──────────────────────────┘  └──────────────────────┘ └─────┘ │
│                                                                  │
│                                                                  │
│ ┌──────────────────────────┐  ┌──────────────────────┐          │
│ │  介護予防・生活支援サービス事業  │  │  地域包括支援センター事業   │          │
│ └──────────────────────────┘  └──────────────────────┘          │
│  1. 訪問型サービス（訪問介護，短期集  1. 介護予防ケアマネジメント事業          │
│     中の訪問型サービス，移動支援等）  2. 包括的・継続的ケアマネジメン          │
│  2. 通所型サービス（通所介護，短期集     ト支援事業                          │
│     中の通所型支援等）           3. 総合相談支援事業                     │
│  3. 生活支援サービス（配食，安否確認，  4. 権利擁護事業                      │
│     緊急時対応等）                                                    │
│  4. 要支援者に対する介護予防ケアマ   ┌──────────────────┐          │
│     ネジメント                  │ 平成27年からの機能強化  │          │
│                              └──────────────────┘          │
│                                5. 在宅医療・介護連携推進事業            │
│ ┌──────────────────────────┐  6. 生活支援体制整備事業              │
│ │        一般介護予防事業        │  7. 認知症総合支援事業               │
│ └──────────────────────────┘  8. 地域ケア会議推進事業              │
│                                                                  │
└──────────────────────────────────────────────────────────────┘
```

図 5 - 1　地域支援事業

出所：筆者作成。

度からはじまった事業である。それぞれの地域の実態や課題に応じて，被保険者が要介護状態または要支援状態となることを予防し，社会に参加しつつ，地域において自立した日常生活を営むことができるよう支援し，地域における包括的な相談及び支援体制，多様な主体の参画による日常生活の支援体制，在宅医療と介護の連携体制及び認知症高齢者への支援体制の構築等を一体的に推進するための取り組みが求められている。

　地域支援事業は，2012（平成24）年からの「介護予防・日常生活支援総合事業」，地域支援を総合的に行う「包括的支援事業」，市町村の判断により行われる「任意事業」からなっている（図 5 - 1）。

（2）介護予防・日常生活支援総合事業

　人口の高齢化，労働力人口が減少していく中，高齢者本人や住民相互の力を引き出し，介護予防や日常生活支援，地域の実情に応じた地域づくりを進めることが求められている。「介護予防・日常生活支援総合事業」（地域支援事業の一つ）（以下，総合事業）は，市町村が地域の実情に応じて，住民等の多様な主

```
┌─────────────────────────────────────────────────────────┐
│              介護予防・日常生活支援総合事業                     │
│  ┌──────────────────────────┐ ┌──────────────────────────┐ │
│  │   介護予防・生活支援サービス事業   │ │      一般介護予防事業         │ │
│  │  ┌────┐                   │ │  ┌────┐                 │ │
│  │  │対象 │                   │ │  │対象 │                 │ │
│  │  └────┘                   │ │  └────┘                 │ │
│  │  要支援1・要支援2の人          │ │  すべての第1号被保険者       │ │
│  │  基本チェックリスト該当者        │ │                         │ │
│  │                          │ │                         │ │
│  │  ┌──────┐                │ │  ┌──────┐              │ │
│  │  │利用サービス│                │ │  │利用サービス│              │ │
│  │  └──────┘                │ │  └──────┘              │ │
│  │  1. 訪問型サービス            │ │  1. 介護予防把握事業        │ │
│  │  2. 通所型サービス            │ │  2. 介護予防普及啓発事業      │ │
│  │  3. 生活支援サービス          │ │  3. 地域介護予防活動支援事業   │ │
│  │  4. 介護予防ケアマネジメント     │ │  4. 一般介護予防事業評価事業   │ │
│  │                          │ │  5. 地域リハビリテーション活動支援事業│ │
│  └──────────────────────────┘ └──────────────────────────┘ │
└─────────────────────────────────────────────────────────┘
```

図5-2　介護予防・日常生活支援総合事業

出所：筆者作成。

体の参画のもとにサービスを展開し，地域の支え合い体制づくりを進めること
で，要支援者等に対して効果的，効率的な支援を行うことを目指す事業である
（図5-2）。

　2015（平成27）年度からは，要支援者に対する介護予防訪問介護と介護予防
通所介護が，介護予防・日常生活支援総合事業に移管され，制度が再編成され
ている。2015（平成27）年に介護予防・日常生活支援総合事業ガイドラインが
示され（2021年改正），市町村の地域ニーズに応じ，多様なサービス提供体制づ
くりが行われている。

　この総合事業には，「介護予防・生活支援サービス事業」と「一般介護予防
事業」がある。

　「介護予防・生活支援サービス事業」の対象者は，要支援1・2の人と，次
に説明している「基本チェックリスト」で対象者と判断された人である。サー
ビス類型としては，訪問型サービス，通所型サービス，生活支援サービス，介
護予防ケアマネジメントがある。

　訪問型サービスでは，介護保険の指定事業者による訪問介護や基準緩和型の
訪問型サービス，住民主体の訪問型サービス，保健・医療の専門職が3か月か
ら6か月の短期間に社会参加を高めるために必要な相談等の支援を行う短期集

表5-1　基本チェックリストの一部内容

No.	質問項目	回　答（いずれかに○をお付け下さい）	
1	バスや電車で1人で外出していますか	0．はい	1．いいえ
2	日用品の買物をしていますか	0．はい	1．いいえ
3	預貯金の出し入れをしていますか	0．はい	1．いいえ
4	友人の家を訪ねていますか	0．はい	1．いいえ
5	家族や友人の相談にのっていますか	0．はい	1．いいえ
6	階段を手すりや壁をつたわらずに昇っていますか	0．はい	1．いいえ
7	椅子に座った状態から何もつかまらずに立ち上がっていますか	0．はい	1．いいえ
8	15分位続けて歩いていますか	0．はい	1．いいえ
9	この1年間に転んだことがありますか	1．はい	0．いいえ
10	転倒に対する不安は大きいですか	1．はい	0．いいえ

出所：厚生労働省（2021）「『介護予防・日常生活支援総合事業における介護予防ケアマネジメント（第1号介護予防支援事業）の実施及び介護予防手帳の活用について』の一部改正について」（https://www.mhlw.go.jp/content/12300000/000854918.pdf　2022年3月21日閲覧）。

中の訪問型サービス，通院等の送迎前後の付き添いを支援する移動支援等がある。通所型サービスでは，指定事業者による通所介護，基準緩和型の通所型サービス，住民主体の通所型サービス，3か月から6か月の短期間に生活行為の改善を目的とした介護予防プログラムを実施する短期集中の通所型サービス等がある。生活支援サービスでは配食サービスや定期的な確認，緊急時対応がある。介護予防ケアマネジメントでは要支援者等に対し，この事業によるサービス等が提供されるようにケアプランの作成等のケアマネジメントが行われる。

「基本チェックリスト」とは，65歳以上の高齢者が自分の生活や健康状態を振り返り，心身の機能で低下しているところがないか等の状況確認をするツールである。生活機能の低下のおそれがある高齢者を早期に把握し，介護予防・日常生活支援総合事業へつなげることにより状態悪化を防ぐことを目的とし，25項目の質問で構成されている（表5-1）。

「一般介護予防事業」は，すべての第1号被保険者を対象とし，閉じこもり等の支援を必要とする人を把握し，介護予防活動へつなげる介護予防把握事業，

運動器の機能向上，栄養改善，口腔機能の向上，認知症予防等の介護予防活動の普及啓発を行う介護予防普及啓発事業，地域住民主体の介護予防活動の育成その支援を行う地域介護予防活動支援事業，市町村介護保険事業計画に定める目標値の達成状況等を評価し，一般介護予防事業の事業評価を行う一般介護予防事業評価事業，地域ケア会議，通いの場，通所事業，訪問事業等へのリハビリテーション専門職による助言を実施し，介護予防への取り組みを強化する地域リハビリテーション活動支援事業がある。

　なお，地域支援事業の「任意事業」としては，認定調査状況の把握や介護サービス計画の評価・点検等を実施する介護給付費等適正化事業，家族介護者教室の開催や認知症高齢者見守り事業，介護者交流会の実施を行う家族介護者支援事業，認知症サポーター養成，成年後見制度利用促進，福祉用具・住宅改修支援等を行うその他の事業がある。これらの事業は，市町村にとっての必須事業ではなく，実施するかどうかは市町村の判断に委ねられている。

2　包括的支援事業について

　2025年には第1次ベビーブーム世代（団塊の世代：1947年から1949年に生まれた人々のこと）が75歳以上となることに鑑み，住み慣れた地域で医療，介護，予防，住まい，生活支援サービス等を一体で受けられる「地域包括ケアシステム」の構築が求められている。認知症高齢者をはじめとして，介護を必要とする要介護高齢者の増加が予想されているからである。特に都市部では75歳以上の後期高齢者人口が急増し，反対に町村部では人口の減少が見込まれている。一口に高齢社会の進展といっても，大きな地域差が生じている。そのために地域の実情や人数に応じて，介護保険の保険者である市町村やそれを支援する都道府県が，地域特性に応じて地域の包括的なケアシステムを作り上げていく必要がある。

　地域支援事業の「包括的支援事業」の実施機関である地域包括支援センター[2]は，地域包括ケアを支える中核機関であり，社会福祉士・主任介護支援専門員・保健師等の3専門職を配置し，介護予防サービス等の提供を含めた介護・

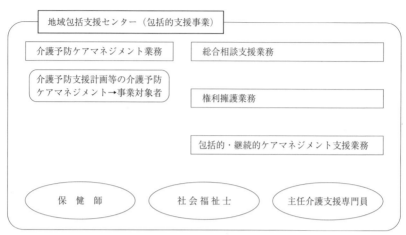

図5-3 地域包括支援の配置人員と4つの業務

出所：筆者作成。

表5-2 地域包括支援センターの業務内容

必須業務	主な内容
総合相談支援	複合的な介護上生活上の課題を抱えている利用者に関する相談援助，相談支援，情報提供，連絡調整，総合的支援
権利擁護	高齢者虐待の防止及び高齢者虐待への対応・必要な援助，成年後見制度の周知，利用支援，消費者被害の防止，啓発活動
包括的・継続的ケアマネジメント支援	介護支援専門員に対する相談サポート，困難事例に対する助言・指導，地域ケア会議等を通じた自立支援型ケアマネジメント支援，包括的継続的なケア体制の構築，介護支援専門員のネットワーク構築等
介護予防ケアマネジメント（第一号介護予防支援事業）	①要支援1・要支援2の認定者で，介護予防・生活支援サービスのみを利用する者，②生活機能チェックリストの該当者（事業対象者）で，介護予防・生活支援サービスを利用する者に対する介護予防支援計画や介護予防ケアマネジメントの実施

出所：介護保険法第115条をもとに筆者作成。

医療・保健・福祉に関する相談・支援等のチームアプローチを実施している。
具体的には，介護予防が効率よく提供されるように支援する「介護予防ケアマネジメント業務」，介護・医療・保健の増進を目的とする「総合相談支援業務」，虐待の防止・早期発見といった「権利擁護業務」，地域において自立した日常生活を送るための包括的・継続的な支援を行う「包括的・継続的ケアマネジメ

ント支援業務」がある（図5-3，表5-2）。つまり，市町村が設置主体である地域包括支援センターは，これらの事業を包括的に，つまり，インクルーシブに実施することで，地域住民の心身の健康保持，生活の安定のために必要な援助と保健・医療の向上及び福祉の増進をトータルに支援している。

　地域包括支援センターの担当範囲は，介護保険の第1号被保険者数3000人以上6000人未満を基本とされ，担当圏域はおおむね人口2万人から3万人ごとである。地域包括支援センターの設置者は，自らその実施する事業の質の評価を行うことにより，その実施する事業の質の向上を図らなければならない。この地域包括支援センターの適切，公平で中立な運営を支援する機関として原則，市町村単位で設置される地域包括支援センター運営協議会等が設けられている。地域包括支援センター運営協議会等は，市町村長から委嘱された学識経験者，医師会代表者，市民代表者，介護サービス事業者代表者等から構成される。運営状況への意見や評価，財政・人員確保に関する内容等を協議している。また，市町村は，地域包括支援センターの情報を公表するように努めなければならない。

3　包括的支援事業の方向性

（1）包括的支援事業の機能強化

　地域支援事業の一つである包括的支援事業は，2006（平成18）年度の制度開始当初は，地域包括支援センターの「介護予防ケアマネジメント業務」「総合相談支援業務」「権利擁護業務」「包括的・継続的ケアマネジメント支援業務」で行われてきた。2015（平成27）年度からは地域支援事業を充実させるために，包括的支援事業に新しく「在宅医療・介護連携推進事業」「生活支援体制整備事業」「認知症総合支援事業」「地域ケア会議推進事業」が位置づけられ，地域包括ケアシステム構築に向けたいっそうの取り組みがなされているところである。

　また，地域包括支援センターにおいても，これらの事業と十分に連携し，それぞれの地域の実情に合った地域包括ケアシステムを構築していくことがさら

に求められ，包括的支援事業の機能強化が図られている。

（2）在宅医療・介護連携推進事業

　医療機関の機能分化や入院期間の短縮によって，医療が必要な認知症高齢者，要介護者，一人暮らし高齢者等が地域で増えている。在宅医療・介護の連携推進とは，地域包括ケアシステムの構築に向け，市町村が主体となり，地域の医師会等の医療と地域包括支援センターを中心とする在宅介護の連携調整を行い，一体的なサービス提供体制の構築を可能にしようとする取り組みである。そのために，地域の診療所等の医師・介護関係者による合同会議の開催や地域の在宅医療・介護関係者の研修実施を通して，連携体制の構築が図られている。

（3）生活支援体制整備事業

　地域に「生活支援コーディネーター（地域支え合い推進員）」と「協議体」を配置し，生活支援コーディネーターが協議体のネットワークを活かしながら，支援の担い手やサービスの開発等を行い，地域の互助力を高め，生活支援の充実，住民主体のサービスの活性化，高齢者等の社会参加が図られる地域体制づくりを進める取り組みである。生活支援コーディネーターの活動内容として，①地域の高齢者ニーズや，地域に不足している介護予防や生活支援サービスの把握，②サービス開発に向け，地域の関係団体等への働きかけ，③地域の関係団体間の情報共有や連携体制の整備，④サービスの担い手の発掘や養成，地域のニーズと不足するサービスのマッチング等がある。配置先は，地域包括支援センターや社会福祉協議会であり，市町村区域の第１層と日常生活圏域の第２層に配置される[3]。たとえば，高齢者ボランティアの養成やいきいきサロン活動の支援等を行っている。

（4）認知症総合支援事業

　認知症になっても本人の意思が尊重され，地域のよりよい環境で暮らし続けることができるよう，専門職がチームとなって，早期診断・早期対応の支援が行われることが求められている。認知症総合支援事業においては，「認知症初

期集中支援チーム」と「認知症地域支援推進員」による活動が行われる。

　認知症初期集中支援チームとは，医療と介護から構成される複数の専門職が認知症の疑われる人とその家族を訪問し，認知症サポート医が参加したチーム員会議を経て，認知症初期段階の支援を包括的・集中的に実施するものである。これは，2012（平成24）年に厚生労働省が公表した「認知症施策推進５か年計画」，通称オレンジプランの中で早期・事前的対応に基本が置かれてきた流れによるものである。具体的には対象者の把握，情報収集・アセスメント，初回家庭訪問の実施，認知症サポート専門医を交えたチーム員会議の開催，初期集中支援の実施，必要な場合に居宅介護支援事業所につなげた後のモニタリングを行うというプロセスがある。認知症疾患医療センターやかかりつけ医との連携を図り，本人・家族へのサポートを行う。期間は，おおむね６か月間で，対象者は，医療サービスや介護サービスを受けていない人等となる。施策的には，認知症の状態に応じた適切なサービス提供の流れ（認知症ケアパスづくり）を介護保険事業計画に反映させることも求められている。

　認知症地域支援推進員は，地域の実態に応じた認知症施策の推進役であり，企画や調整等に携わりながら，病院や介護施設等での認知症対応能力の向上を図るための支援，介護保険サービスを利用しながら在宅生活が継続できるための支援，認知症カフェ等との地域と一体となった家族・介護者支援[4]，認知症ケアに携わる多職種への研修等を実施している。

　認知症施策に関して，2015（平成27）年には，認知症施策推進総合戦略（新オレンジプラン）が策定されている。これは，2025年を目指し，認知症施策を総合的に推進していくもので，施策ごとの具体的な数値目標等を定め，その普及・啓発が図られた。さらに，「認知症施策推進大綱」が，2019（令和元）年にとりまとめられた。認知症になっても住み慣れた地域で自分らしく暮らし続けられる「共生」を目指し，「認知症バリアフリー」の取り組みを進めていくとともに，共生という基盤のもとに，通いの場の拡大等「予防」[5]の取り組みが進められている。

表5-3　地域ケア会議の機能

個別ケースの検討	地域課題の検討
1．個別課題解決機能 2．ネットワーク構築機能 3．地域課題発見機能	4．地域課題発見機能 5．地域づくり・資源開発機能 6．政策形成機能
実務者レベル	実務者レベル～代表者レベル

出所：筆者作成。

（5）地域ケア会議推進事業

　「地域ケア会議」とは，地域に住む高齢者個人に対する支援とそれを支える社会資源等の整備を同時に進めていく地域包括ケアシステムの実現を目指す会議である（介護保険法第115条の48）。

　地域包括支援センター等は，地域ケア会議が開催し，医療や介護等の多職種が連携し，地域の高齢者の個別課題解決に取り組む，介護支援専門員の自立支援ケアマネジメント力を高める，個別事例のアセスメントを積み重ね，その地域に共通した地域課題を明確にする，地域課題の解決に必要な社会資源の開発や地域づくり，介護保険事業計画への反映を働きかける会議である。つまり，一つの機関だけでは支えることができない地域の困難事例等の事例検討会を行い，地域課題の把握や社会資源の開発，政策形成等に結びつける機能を有している（表5-3）。

　主な構成員としては，開催する市町村職員，地域包括支援センター職員，ケアマネジャー，介護サービス事業者，医師，民生委員，作業療法士（OT），理学療法士（PT），言語聴覚士（ST），歯科医師，薬剤師，看護師，管理栄養士，歯科衛生士等である。形態としては，実際の関係者が集まる個別ケースの地域ケア会議，日常生活圏域ごとに開催される地域ケア会議，市町村全体で集まる地域ケア会議等がある。介護予防・自立支援に着目，特化した地域ケア個別会議もある。地域ケア会議は，地域包括ケアシステム構築のために有効であり，さらなる推進が期待されている。

注

⑴　団塊とは，かたまりという意味である。

⑵　地域包括支援センターの設置状況は，全市町村において100％である。設置主体としては 7 割強が社会福祉法人や社会福祉協議会，医療法人といった民間法人への委託となっており，残りが市町村直営である。

⑶　生活支援コーディネーターは，第 1 層は市町村全域を，第 2 層は日常生活圏域（中学校区域等）を対象に，生活支援の担い手の養成やサービスの開発等の資源開発，関係者のネットワーク化の推進，地域の支援ニーズとサービス提供主体のマッチング等を主たる役割としている。

⑷　認知症カフェとは，地域のボランティア等によって開催される，認知症の人やその家族が，地域の人や専門家と相互に情報を共有し，お互いを理解し合う場（居場所）のことである。

⑸　通いの場とは，高齢者をはじめ地域住民が，他者とのつながりの中で主体的に取り組む，介護予防やフレイル予防に資する多様な活動の場・機会等のことである。

参考文献

厚生労働省「地域包括ケアシステム」（https://www.mhlw.go.jp/stf/seisakunitsuite/bunya/hukushi_kaigo/kaigo_koureisha/chiiki-houkatsu/　2022年 3 月21日閲覧）。

福祉医療機構 WAM NET「地域包括支援センター」（https://www.wam.go.jp/content/wamnet/pcpub/top/fukushiworkguide/jobguideworkplace/jobguide_wkpl11.html　2022年 3 月21日閲覧）。

学習課題

①　自分の身近な市町村における介護予防・日常生活支援総合事業にはどのようなメニューがあるのか調べてみよう。

②　自分の身近な市町村における地域包括支援センターのホームページやパンフレットを読んでみよう。その際，地域の方向けにどのようにわかりやすく説明がなされているのかを意識してみよう。

③　自分の身近な市町村における在宅医療・介護の連携推進，生活支援コーディネーター（地域支え合い推進員）と協議体，認知症初期集中支援チーム，地域ケア会議についてどのように実施されているか調べてみよう。

〰〰〰〰〰〰〰〰 **コラム　これまでとこれからの地域包括支援センター** 〰〰〰〰〰〰〰〰

　地域包括支援センターがはじまったのは，介護保険制度が施行された2000（平成12）年ではなく，介護保険事業計画の第3期がはじまった2006（平成18）年からである。地域包括支援センターの前身的な事業として在宅介護支援センターが長年活躍した。それは，保健・福祉・医療の専門職を配置し，相談に応じる，地域や家庭に積極的に出向いていくという意味では類似点があるが，介護保険制度が開始されたという文脈の中ではまったく別物の相談機関ととらえることもできる。

　スタート当初は，介護予防のケアプランの立案に追われるセンターも多く，地域包括支援センターが介護予防プランセンターになっているというようなたとえも聞かれた。居宅介護支援事業所の介護支援専門員の困難ケースをサポートしたり，ケアプランの指導を行ったり，専門職や地域のネットワークづくりに取り組んだり，虐待対応，消費者被害防止という権利擁護に取り組み，よりワンストップ相談を意識するという意味では，在宅介護支援センターとは違う役割や機能も多く求められた。まさに激動のような中で，地域に応じた独自性に富んだ取り組みも多く登場し，地域の中での知名度を上げるために，よりわかりやすい愛称を用いて広報活動を行ったセンターも多い。

　地域包括支援センターの職員には，高い専門性が求められてきた。近年では地域包括支援センターとしての事業評価も受けるようになっている。さらに地域支援事業の機能強化の部分では，地域包括支援センターが中心となって取り組んでいる事業も多い。とりわけ地域ケア会議は，地域の中での困難事例を，サポートネットワークの関係者で支えようとするだけでなく，地域が抱えている問題を顕在化させ必要なサービスや社会資源政策提言につなげていく流れを生み出している。

　日本は今，これまで経験したことのない人口減少社会に突入している。地域が抱える課題はよりいっそう複雑なものとなるであろう。地域包括支援センターに求められる役割と機能はこれからも拡大し，高度化していくであろう。

〰〰〰〰〰〰〰〰〰〰〰〰〰〰〰〰〰〰〰〰〰〰〰〰〰〰〰〰〰〰〰〰〰

第6章

老人福祉法

　1963（昭和38）年，老人福祉に関する単独立法としては世界初の「老人福祉法」が成立した。老人福祉法は，高齢者福祉対策を総合的に体系化していく方向性を有した法律として施行された。高齢者福祉事業及び実施主体の基本原則を規定した法律であり，実施体制として，7つの老人福祉施設と6つの老人居宅生活支援事業，有料老人ホームに関する規定，老人福祉計画，福祉の措置に関する事項等を定めている。2000（平成12）年，介護保険法の施行により主として高齢者介護を担う役割は介護保険法に移行したが，やむを得ない事由で契約方式によるサービスの利用が困難な場合は，老人福祉法による措置の対象となる。

1　老人福祉法の目的と基本理念

（1）老人福祉法制定の背景と経緯

　第二次世界大戦後，連合国軍総司令部（GHQ）による占領政策において，民法（家族法）改正が行われ，わが国の伝統的な家族制度である「家（イエ）」制度の解体が進んだ。家族や社会における高齢者の身分や地位の揺らぎが契機となり，その後の子による親の扶養意識にも影響を与えた。また，1950年代に入ると，1958（昭和33）年の国民健康保険法改正及び1959（昭和34）年の国民年金法制定により，「国民皆保険・皆年金」体制が整備され，高齢者の生活保障においても社会全体で担うことの要求が高まった。さらに，1960年代に高度経済成長期となり，地方から都市部に労働力として若年層が移動し，高齢者が地方

に残されて過疎化が進行した。急速な産業化，核家族化によって家族による親の扶養機能は低下し，高齢者の生活をいっそう不安定なものにしていった。高齢者の生活上のニーズの多様化や介護ニーズの顕在化に伴い，自活できない貧困高齢者のための保護・救済を目的とした生活保護法の適用では対応が困難となり，一般の高齢者も包含した独立した基本法の制定によって社会的，制度的に解決していくことが求められるようになった。

　このような社会的背景と当時の養老事業関係者による法律制定運動があいまって，1963（昭和38）年，老人福祉に関する単独立法としては世界初の「老人福祉法」が成立した。老人福祉法は，選別的施策から脱して高齢者福祉対策を総合的に体系化していく方向性を有し，幅広く高齢者の生活保障を行っていく意図が込められたものである。

（2）老人福祉法の変遷

　戦後，わが国の高齢者福祉政策が固有の法的根拠を得て始動したのは老人福祉法の制定からである。老人福祉法は，国及び地方公共団体の措置義務を明確にし，高齢者の医療費の支給，健康診査，老人ホームへの入所，老人家庭奉仕員などの措置事業を規定した総合的な社会サービス法として展開した。従来の養老施設は「養護老人ホーム」とあらためて規定し，新たに身体上または精神上著しい障害のある高齢者のための介護施設である「特別養護老人ホーム」をはじめ，「軽費老人ホーム」「老人福祉センター」を法的に規定した。さらに老人福祉増進のための老人クラブ事業も規定された。ただし，制定当初はこれらの事業のうち，実際に予算措置の大部分を占めたのは老人ホームへの入所に関する事業であった。老人ホームは，困窮による最低限の生活の維持だけでなく，身体の虚弱による日常生活上の支援や当時の住宅問題，家族問題における在宅生活の困難等を含めて，高齢者の福祉を実現するための社会的，制度的施設としての位置づけが明確になったのであり，その後1980年代まで，施設整備を中心とした高齢者福祉施策の基本路線を拓いたといえる。

　老人福祉法は，法制定後30回以上の改正を経て今日に至っているが，主な法改正の変遷は以下の通りである。いわゆる福祉元年の一つとして，1972（昭和

47）年，老人福祉法一部改正により「老人医療費支給制度」が創設され，70歳
以上の高齢者の医療費の無料化が図られた。その後，1983（昭和58）年，「老人
保健法」の施行により受益者負担が導入され，老人医療費の無料化は廃止され
る。そして，この新たな法律の規定により老人福祉法は，総合的な社会サービ
ス法の性質を呈する法律から，健康診査，老人医療給付などが老人保健法に移
行したため，老人福祉サービスと生きがい保障の一部のみが規定された法と
なった。

　1990（平成２）年，社会福祉関連八法改正（老人福祉法等の一部を改正する法律）
に伴う大規模な改正によって，介護等の措置の総合的実施が位置づけられ，在
宅福祉サービスの位置づけの明確化，特別養護老人ホーム等の入所決定権の町
村への権限移譲があった。また，市町村，都道府県の老人福祉計画等が規定さ
れた（法第20条の８〜11）。1994（平成６）年には老人居宅生活支援事業（在宅福
祉サービス），老人福祉施設における処遇の質の評価が新しく規定され，サービ
ス評価の手法が検討，導入された（第20条の２）。1997（平成９）年介護保険法
が制定され，2000（平成12）年同法の施行に伴い，契約に基づく要介護高齢者
等に対する居宅における介護や特別養護老人ホームへの施設入所等が介護保険
法に移行した（第10条の４，第11条，その他条項）。その結果，老人福祉法による
措置の実施は大幅に減少した。近年の動向としては，2014（平成26）年，医療
介護総合確保推進法，2018（平成30）年の生活困窮者自立支援法，2020（令和
２）年における地域共生社会の実現のための社会福祉法等に関連して，老人福
祉法の一部改正が行われている。

（3）老人福祉法の構成と目的及び基本的理念

　老人福祉法（最終改正2020年）は，全43条で構成されており，老人福祉法の目
的は，第１条において「この法律は，老人の福祉に関する原理を明らかにする
とともに，老人に対し，その心身の健康の保持及び生活の安定のために必要な
措置を講じ，もつて老人の福祉を図ることを目的とする」とある。第１条は，
社会保障の観点から，保健・医療・福祉・所得・雇用の分野をおさめ，高齢者
福祉の増進のための基本法的立場を明らかにすると同時に，具体的施策に関す

る基本事項を規定している。これらのことは老人福祉法にとどまらず，たとえば，高齢社会対策基本法（1995年），高齢社会対策大綱（1996年）等の立法，要綱立案に影響を与えている。さらに介護保険法（1997年）をはじめとする各種施策，サービス体系において，老人福祉法の基本的理念に沿って具体的な制度が整備されている。

　老人福祉法の基本的理念は，第2条において，「老人は，多年にわたり社会の進展に寄与してきた者として，かつ，豊富な知識と経験を有する者として敬愛されるとともに，生きがいを持てる健全で安らかな生活を保障されるものとする」とある。「老人憲章」として位置づけられる条文である。老年期は個人差が著しいこともあり，老人福祉法において明確な「老人」の定義づけ，年齢規定はないが，制定当時，高齢者の生活保障についての社会的義務規定が示された意義は大きかった。続く第3条第1項で「老人は，老齢に伴つて生ずる心身の変化を自覚して，常に心身の健康を保持し，又は，その知識と経験を活用して，社会的活動に参加するように努めるものとする」とあり，高齢者の生活のあり方に対する努力規定を示し，第2項において「老人は，その希望と能力とに応じ，適当な仕事に従事する機会その他社会的活動に参加する機会を与えられるものとする」とし，一般的な就労の他にボランティア活動，地域活動等，幅広く社会に貢献し得る積極的な高齢者像を示唆している。

2　老人福祉法の実施体制

（1）老人福祉法の老人居宅生活支援事業と老人福祉施設

　老人福祉法における老人居宅生活支援事業は，①老人居宅介護等事業（訪問介護等），②老人デイサービス事業，③老人短期入所事業（ショートステイ），④小規模多機能型居宅介護事業，⑤認知症対応型老人共同生活援助事業（認知症グループホーム），⑥複合型サービス福祉事業の6つである。介護保険制度以前の事業だけでなく介護保険制度において創設された事業も含まれている。

　老人福祉法に規定される老人福祉施設は，①老人デイサービスセンター，②老人短期入所施設，③老人介護支援センター，④養護老人ホーム，⑤特別養護

老人ホーム，⑥軽費老人ホーム，⑦老人福祉センターの7つである。

　養護老人ホームは，65歳以上の者であって，環境上の理由及び経済的な理由により居宅において養護を受けることが困難な高齢者を入所させ，養護するとともに，自立した日常生活を営み，社会的活動に参加するために必要な指導，訓練その他の援助を行うことを目的とした施設である（第20条の4）。なお，養護老人ホームへの入所決定は，市町村の措置による（第11条第1項第1号）。また，養護者がないか，適切な養護者がいない高齢者を一般家庭の養護委託者に預けて養護する制度として老人養護委託がある（第11条第3項第3号）。その費用は養護老人ホームと同じく公費負担である。

　老人介護支援センター（在宅介護支援センター）は，地域の高齢者の福祉に関する各般の問題に対して，また，在宅の要援護高齢者，その家族等からの相談に応じ，ニーズに対応した各種の保健福祉サービスが総合的に受けられるように，市町村行政，サービス事業者，その他関係機関等との連絡調整を行う施設である（第20条の7の2）。なお，2005（平成17）年，介護保険法改正により，その多くが地域包括支援センターに再編されている。

（2）有料老人ホーム

　有料老人ホームは，高齢者を入居させ，入浴，排せつもしくは食事の介護，食事の提供またはその他の日常生活上必要な便宜などを供与する事業を行う施設である（第29条第1項）。老人福祉法上の老人福祉施設ではないが，老人福祉法において規定されている入居施設である。また，介護保険制度における特定施設入居者生活介護として，介護保険制度の給付対象施設に位置づけられている。有料老人ホームを設置しようとする者は，施設名称，設置予定地，事業開始予定年月日，施設管理者氏名，住所，入居者に提供する介護等の内容について，設置予定地の都道府県知事への届け出が義務づけられている。また，都道府県知事による質問，立入検査ができ，入居者保護のために必要があると認められるときは，改善命令，事業の制限または停止を命ずることができる。

　設置者は主に株式会社等の民間営利企業が約8割であり，提供されるサービスや入居費用等は入居者と設置者である事業所との当事者間の契約に基づいて

いる。有料老人ホーム⁽¹⁾には，介護付有料老人ホーム（一般型特定施設入居者生活
介護，外部サービス利用型特定施設入居者生活介護），住宅型有料老人ホーム⁽²⁾，健康
型有料老人ホーム⁽³⁾の類型があり，介護付有料老人ホームが介護保険法上の特定
施設となることができる。

有料老人ホームは，特に介護保険制度施行以降，定員要件が廃止され，サー
ビスの拡大に伴い施設の開設が急増した⁽⁴⁾が，法規定が曖昧であったこともあり，
費用負担や契約・解約等の消費者トラブルが顕著になった。そこで，2012（平
成24）年の老人福祉法改正により，家賃，敷金，介護費用等のサービス費用以
外の費用（いわゆる権利金等）の受領を禁止し，さらに，2018（平成30）年度か
らは，入居者保護のための規制強化が加えられ，事業停止命令や前払金の保全
措置の義務の拡大がなされている。なお，最近急増しているサービス付き高齢
者向け住宅（2011年，高齢者住まい法改正により創設）は，住宅として位置づけら
れており，有料老人ホームと峻別しなければならないが，老人福祉施設，有料
老人ホーム，介護保険施設等と実際のサービス提供において競合するものであ
り，今後の動向が注目される。

（3）老人福祉計画（市町村老人福祉計画，都道府県老人福祉計画）

老人福祉計画には，市町村老人福祉計画（第20条の8）と都道府県老人福祉
計画（第20条の9）がある。市町村老人福祉計画は，市町村が，老人居宅生活
支援事業及び老人福祉施設の供給体制の確保に関する計画を定めるものである。
その内容として，当該市町村の区域において確保すべき老人福祉事業の量の目
標を定めること，量の確保の方策，従事する者の確保及び資質の向上，業務の
効率化を図ること，また，日常生活に支障のある高齢者数を把握し，その障害
の状況，養護の実態を勘案して作成するように努めるものとしている。なお，
介護保険事業計画と一体のものとして作成しなければならない（第20条の8第
7項）。加えて，市町村地域福祉計画，その他の法律に規定する老人福祉に関
する事項を定めた計画と調和が保たれたものでなければならない（第20条の8
第8号）。

都道府県老人福祉計画は，都道府県が市町村老人福祉計画の達成に資するた

め，各市町村を通ずる広域的な見地から，老人福祉事業の供給体制の確保に関する計画を定めたものである。その内容として，都道府県の区域における養護老人ホーム及び特別養護老人ホームの必要入所定員総数，老人福祉事業の量の目標を定めるものとしている。さらに，老人福祉施設の整備及び施設相互間の連携，老人福祉事業に従事する者の確保及び資質の向上並びにその業務の効率化及び質の向上のための措置に関する事項について定めるよう努めなければならないとしている。なお，都道府県介護保険事業支援計画と一体のものとして作成しなければならず（第20条の 9 第 5 項），さらに，都道府県地域福祉支援計画，その他の法律に規定する老人福祉に関する事項を定めた計画と調和が保たれたものでなければならないとしている（第20条の 9 第 6 項）。

3　老人福祉法に基づく措置

（ 1 ）福祉の措置

　福祉の措置に関して，措置の実施者は対象者の居住地の市町村としている。ただし，対象者が居住地を有しない場合や明らかでないときなどは，その現在地の市町村が実施するものとしている（第 5 条の 4 第 1 項）。また，措置の実施者として以下の業務を義務づけている（第 5 条の 4 第 2 項）。①老人の福祉に関し，必要な実情の把握に努めること，②老人の福祉に関し，必要な情報の提供を行い，並びに相談に応じ，必要な調査及び指導を行い，並びにこれらに付随する業務を行うこととしている。

　さらに，市町村は，65歳以上の者であって，身体上または精神上の障害があるために日常生活を営むのに支障があるものが，心身の状況，その置かれている環境等に応じて，自立した日常生活を営むために最も適切な支援が総合的に受けられるように，地域の実情に応じたきめ細かな措置の積極的な実施に努めるとともに，老人の福祉を増進することを目的とする事業を行う者等の活動の連携及び調整を図る等地域の実情に応じた体制の整備に努めなければならない（第10条の 3 ）。

（2）老人福祉法における措置の意義

　2000（平成12）年の介護保険法の施行によって，養護老人ホームへの措置を除く，多くの高齢者サービスが介護保険法に移行し，契約に基づくサービスの利用となった。しかし，老人福祉法における措置の価値が低下したわけではない。「やむを得ない事由」により介護保険法に定めるサービスを利用することが著しく困難であると認められるときは市町村が措置するものとしている（第10条の4，第11条）。すなわち，介護保険制度におけるサービス利用の根幹となる，自らの意思に基づく自己選択でサービスを利用することができない状況においては措置が要請されるのである。「やむを得ない事由」とは，たとえば，高齢者本人が家族から虐待を受けている場合，認知症で意思能力が乏しく，頼れる家族もいない事例などであり，市町村は，緊急一時保護（緊急短期入所）や入所措置を行い，対象者の生活保障，介護保障を図らねばならない。高齢者虐待の防止，高齢者の養護者に対する支援等に関する法律（高齢者虐待防止法）においても，虐待の通報を受けた場合の措置（第9条第2項），居室の確保（第10条）等，市町村による措置権の発動について規定している。

　社会福祉基礎構造改革を経て，介護保険制度をはじめ市場原理と自由契約を基調としたサービス提供が一般化した。しかし，先に挙げた事例など，周囲の抑圧を受けたり，自己決定能力の低下によって，契約関係に適さない対象者など，市場システムによるサービス利用が難しい対象者が少なからず存在する。昨今の高齢者虐待，ひきこもり，認認介護，多頭飼育崩壊等の増加や高齢過疎化が進行する中，山間部，島嶼部等の条件不利地域の現状を鑑みれば，当事者間の契約に基づくサービス利用が一般化されるほど，高齢者福祉の公的責任性を担保する老人福祉法の存在意義の重要性が増すのである。

　注
(1)　介護付有料老人ホーム（一般型特定施設入居者生活介護），介護付有料老人ホーム（外部サービス利用型特定施設入居者生活介護），住宅型有料老人ホーム，健康型有料老人ホームの4つの類型として整理されることもある。

(2)　自立状態から要支援・要介護の高齢者までが対象となり，生活援助，緊急時対応，レクリエーションサービスなどが提供される。介護サービスが必要なときは，訪問介護，通所介護などの外部サービスを利用する。

(3)　自立状態の高齢者が対象で，食事や清掃，洗濯などの生活サポートが提供される。趣味やサークル活動，イベントなど，各種のアクティビティが充実している施設がある。

(4)　2020年10月1日現在，介護老人福祉施設8314か所に対して有料老人ホームは1万5956か所である。2020年厚生労働省「社会福祉施設等調査」「介護サービス施設・事業所調査」。

(5)　「老人ホームへの入所措置等の指針について」（平成18年3月31日付け老発第0331028号厚生労働省老健局長通知）。

参考文献

岡本多喜子（1993）『老人福祉法の制定』誠信書房。

橋本宏子（1995）『福祉行政と法──高齢者福祉サービスの実態』尚学社。

森幹郎（2007）『老いと死を考える』教文館。

学習課題

①　同一施設であるが，老人福祉法では「特別養護老人ホーム」であり，介護保険法においては「介護老人福祉施設」とする，2つの名称の違いの意味について，ソーシャルワークの価値，倫理の観点から考察してみよう。

②　老人福祉法第2条「基本的理念」について，現在の高齢者の暮らしの多様性，たとえば，健康，余暇，就労，家族の状況等の暮らしぶりに照らして考察してみよう。

第 7 章

高齢者に関する医療保障制度

　本章では，わが国における医療保障制度の歴史的変遷について概括することで，高齢者に関する医療保障制度がどのように形作られてきたのかについて解説する。また高齢者に関する医療保障制度がどのように運用されているのか，どのように機能しているのかを確認する。さらに，わが国における医療保障制度が，今後も持続可能な制度となるうえでの課題についても焦点を当てる。

1　高齢者に対する医療を取り巻く環境

（1）医療保障制度の歴史的変遷

　日本で最初に設けられた医療保険に関する法律は，1922（大正11）年に制定された健康保険法である。この法律は，第一次世界大戦後の社会不安を背景に政府主導でつくられ，被用者を対象としていた。一方で，健康保険法の成立に伴い，被用者を対象とする医療保険はできたものの，それ以外の国民に対する医療保険はないままの状況が続いた。その後，1929（昭和4）年の世界恐慌等の影響による農村の疲弊を背景に，農業従事者などの生活における保健衛生水準の向上を目的として1938（昭和13）年に（旧）国民健康保険法が制定されることになる。しかし，当時の（旧）国民健康保険法は，任意加入の制度であったため，医療保険に加入していない国民が多く残ることになった。

　そして被用者保険や共済組合などに加入している者を除き，国民に対して加入を義務づける非被用者を対象とした新しい国民健康保険法が1958（昭和33）年に制定されることになる。この制度は1961（昭和36）年4月に施行され，こ

れによりすべての国民が何らかの医療保険に加入する国民皆保険体制が実現することになる。

1973（昭和48）年からは70歳以上の医療費自己負担がゼロとなる，いわゆる老人医療費の無償化がはじまった。その後，市町村が運営主体となり，国民の老後における健康保持と適切な医療確保を旨とし，保険者（国民健康保険や健康保険組合など）からの拠出金と公費で運営する老人保健法が1983（昭和58）年に施行され，入院一日300円，外来一月400円として患者負担が導入された。

この間，患者負担が条件つきで1割から3割負担に引き上げられつつ，制度を通じた年齢構成や所得に着目した負担の公平化を図るため，「新しい高齢者医療制度」の議論がなされてきた。

2007（平成19）年に老人保健法が全面改正され，「高齢者の医療の確保に関する法律」（高齢者医療確保法）が公布され，75歳以上の後期高齢者については独立した医療制度を，65歳以上75歳未満の前期高齢者については保険者間の負担の不均衡を調整する仕組みを導入した新たな高齢者医療制度が2008（平成20）年4月に施行されるに至った。

医療機関へアクセスしやすいわが国においては，1970年代には就労する現役世代が多く，高齢者に対する医療費が無償化できたが，1990（平成2）年以降，高齢化の進展により，医療費無償化からの転換，医療費自己負担と保険料負担の増加，負担と給付のバランスどりの中で制度が変遷してきたといえる。一方で，これまでの医療機関へのアクセスのしやすさが，平均寿命の延伸に貢献しているともいえる。

（2）医療保障制度の概要

わが国の医療保障制度の特徴としては，①国民全員の医療を公的に保障していること，②医療機関を自由に選べること，③比較的安価で高度な医療を受けられること，④社会保険を基本としつつ，その維持のため公費（税金）を投入していることが挙げられる。[1]

現行の医療保険は大きく分けて，サラリーマンや公務員などが加入する健康保険（被用者保険），自営業者などが加入する国民健康保険，75歳以上を対象と

表7−1　現行の医療保険制度概要

	健康保険	国民健康保険	後期高齢者医療保険
対象者	会社員，公務員など	自営業者，農業，無職	75歳以上 （65歳以上障害者）
加入者数 ※平成28年3月末	約7,500万人	約3,500万人	約1,600万人
自己負担割合	原則3割・70歳から74歳まで2割・現役並み 所得者3割		原則1割 現役並み所得者3割
高額療養費	上限額57,600円／月＋負担限度額認定		
保険料内訳	原則，保険料10割 協会けんぽ公費一部あり	公費（税金）5割 保険料5割	公費（税金）5割 健康保険及び国民健康保険拠出金4割 保険料1割

注：2022年10月より，自己負担割合が1割負担の者のうち，一定の収入がある者については2割負担になる。
出所：厚生労働省「日本の医療保険制度について」(https://www.mhlw.go.jp/content/12400000/0003776
　　　86.pdf　2022年2月5日閲覧）を参考に筆者作成。

した後期高齢者医療保険の3つの保険から成り立っている。加入者数，自己負担割合などは表の通りとなる（表7−1）。

　現行の医療保障制度は，低所得者に対して自己負担への負担軽減や一か月あたりの負担上限額を定めた高額療養費の仕組みも設けられている。

2　高齢者医療確保法の概要

（1）高齢者医療確保法とは

　高齢者に対する適切な医療を提供する観点から，1983（昭和58）年に施行された老人保健法を全面改正し，2007（平成19）年10月に高齢者の医療の確保に関する法律，いわゆる高齢者医療確保法（以下，確保法）が公布，同時に法律名も改称され，2008（平成20）年4月に施行された。この確保法では，新たに医療費適正化の推進とともに，後期高齢者医療制度と前期高齢者医療制度が規定された。

（2）医療費の適正化

　わが国では国民皆保険体制のもと，誰もが安心して医療を受けることのできる医療保障制度を確立してきたが，近年における高齢化の進展や医療の高度化等により，医療を取り巻く環境は急速に変わりつつある。過度な医療費の増大を抑え，医療保障制度を持続可能なものにするためには，適切な医療を効率的に提供する体制を確保する必要がある。

　確保法では，医療費における適正化の取り組みとして，厚生労働大臣が全国医療費適正化計画を策定し，都道府県が都道府県医療費適正化計画を定めることを規定している（第8条及び第9条）。この医療費適正化計画については，全国医療費適正化計画及び都道府県医療費適正化計画はともに，6年を1期として実施される。

　また確保法は，全国健康保険協会や国民健康保険組合といった保険者に40歳以上の加入者に対し，糖尿病等の生活習慣病に関する特定健康診査及びその結果に基づく特定保健指導を行うことを義務づけている（第20条及び第24条）。

（3）後期高齢者医療制度の概要

　後期高齢者医療制度は，原則75歳以上を対象とした独立した医療保険である。この制度は，都道府県ごとに設立する後期高齢者医療広域連合が運営主体となっている。この後期高齢者医療広域連合は，都道府県ごとの区域内のすべての市町村が加入して構成される。

　そして後期高齢者医療制度の被保険者（対象者）は，75歳以上の者，もしくは65歳以上であり一定の障害の状態にあり，後期高齢者医療広域連合の認定を受けた者である。ここでいう「一定の障害の状態」とは，国民年金や厚生年金における1級・2級の障害の認定を受けている状態や，精神障害者保健福祉手帳1級・2級，身体障害者手帳1級・2級・3級及び4級の一部，療育手帳Aに該当する状態を指す（第50条，同法施行令第3条別表）。

①　自己負担割合

　後期高齢者医療制度における負担割合は，原則1割負担であるが，現役並み所得者は3割負担となる。また2022（令和4）年10月より，自己負担割合が1

97

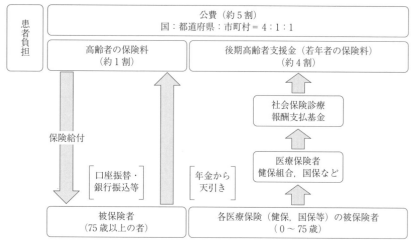

図7-1　後期高齢者医療制度の仕組み

出所：厚生労働省「後期高齢者医療制度について」(https://www.mhlw.go.jp/bunya/shakaihosho/iryou seido01/info02d-35.html　2022年4月25日閲覧）より一部改変。

割負担の者のうち，一定の収入がある者(3)については2割負担になる。

　② 財源構成

　後期高齢者医療制度の財源は，患者の自己負担分を除き，高齢者の保険料が約1割，現役世代からの後期高齢者支援金が約4割，公費が約5割で構成されている（図7-1）。後期高齢者支援金は，国民健康保険や健康保険組合など現役世代の医療保険から拠出され，社会保険診療報酬支払基金から後期高齢者医療広域連合へ交付される。また後期高齢者医療制度における保険料の納付方法は，特別徴収と普通徴収の2種類がある。特別徴収とは，保険料を年金から天引きする方法であり，年金が年額18万円以上ある者で，介護保険料と後期高齢者医療保険料の合計額（年額）が年金受給額2分の1を超えない場合に該当する。普通徴収とは，保険料を納付書や口座振替で納める方法であり，特別徴収の対象とならない者や申請により納付方法を変更した者が対象となる。

（4）前期高齢者医療制度

　前期高齢者医療制度とは，65〜74歳を対象とした健康保険組合などの被用者

保険，国民健康保険間の医療費負担を調整するための制度である。後期高齢者
医療制度のように独立した医療保険ではなく，前期高齢者は国民健康保険や被
用者保険に加入したまま，保険者間の医療費負担の不均衡について各保険者の
加入者数に応じて財政調整を行う仕組みとなっている。

（5）地域包括ケアシステムとの関係

　厚生労働省は，団塊の世代が75歳以上となる2025年をめどに，「重度な要介
護状態となっても住み慣れた地域で自分らしい暮らしを人生の最後まで続ける
ことができるよう，住まい・医療・介護・予防・生活支援が一体的に提供され
る地域包括ケアシステムの構築を実現(4)」していくことを宣言している。また，
他方，地域包括ケアシステムは介護保険の保険者である市町村や都道府県が地
域の自主性や主体性に基づき，地域の特性に応じて作り上げていくことが重要
であるといわれている。そのような地域性を踏まえると，地域包括ケアシステ
ムと高齢者医療制度とは，具体的には都道府県の医療提供体制，市町村等によ
る健診や高齢者の健康増進対応などの予防的取り組みなどにおいて密接に関係
し，それぞれが有機的に連携しているといってよい。

　この点について確保法では，全国医療費適正化計画及び都道府県医療費適正
化計画を定めるにあたって，地域包括ケアシステムの構築に向けた取り組みの
重要性に留意すべきとする規定が定められている（第8条第5項及び第9条第4
項）。

3　高齢者に対する医療保障制度の課題

（1）人材確保の課題

　2018（平成30）年，国は「2040年を展望した社会保障・働き方改革本部」（以
下，本部）を設置しており，この本部から2019（令和元）年5月に，とりまとめ
が発表されている。その中で団塊の世代の子どもたちである団塊ジュニア世代
が高齢者となる2040年を展望すると，高齢者人口の伸びは落ち着くことになる
が，現役世代（労働者人口）が急減するため，医療・福祉サービスを支える人

材の確保が課題になることが指摘されている。そのうえで，人材を確保するために，国民誰もが元気に活躍できるよう，①多様な就労・社会参加の環境を整備すること，②健康寿命を延ばしていくこと，③より少ない人手でも回るよう医療・福祉の現場の生産性を高める改革を進めることなどの取り組みを推進していく必要があると言及している[5]。

　少子高齢化の影響により，現役世代が減少することで人材確保の課題が顕著となるのは医療・福祉サービスの分野だけに限ったことでなく，日本社会全体にいえることである。人材の分配をいかに進めるのか国全体で検討をしつつ，医療分野においても無駄を見直し，医療従事者一人あたりの生産性を向上させる工夫が求められている。

（2）財政上の課題

　少子高齢化を背景にして，国民医療費は2000（平成12）年度は30.1兆円であったものが，2019（平成31）年度は44.4兆円と右肩上がりに増加している[6]。また国民医療費に占める後期高齢者医療費の割合をみると，2000（平成12）年度は37.2％であったものが，2019（平成31）年度は38.4％と増加傾向にあり[7]，高齢化の伸展とともに，高齢者医療費の伸びも目立つようになってきている。さらに高齢期における一人あたり医療費についてみると[8]，2018（平成30）年度においては，65〜69歳で46.4万円，75〜79歳で77.0万円，80〜84歳で92.4万円，85〜89歳で105.4万円となっており，年齢とともに医療費が高くなっていることがわかる。

　わが国では，2025年に，第1次ベビーブーム（1947〜1949年生まれ）の世代，いわゆる団塊の世代が後期高齢者となることで，医療を含めた社会保障費が増加することが懸念されており，医療制度の持続性の確保が今後の大きな課題となっている。このような中で厚生労働省でも議論がなされているが，個人の費用負担が少なく，効果的かつ効率的な医療の運用を図るためには，①健康寿命の延伸のための健康づくりや予防医療の積極的な取り組み，②将来の要介護につながる生活習慣病罹患予防や悪化防止の取り組み，③入院期間短縮のための超早期リハビリテーション[9]の実施，④高齢者によくみられる重複処方を減らす

ためのお薬手帳の積極的な利活用，⑤ジェネリック薬品の積極的な運用などを個人レベルから市町村や都道府県の行政レベルまで幅広く対応策を実施していくことが求められる。

注
⑴　厚生労働省「日本の医療保険制度について」（https://www.mhlw.go.jp/content/12400000/000377686.pdf　2022年2月5日閲覧）。
⑵　課税所得145万円以上かつ収入額の合計が，単身世帯の場合383万円，複数世帯の場合520万円以上。
⑶　単身で年収200万円以上383万円未満，夫婦で年収の合計が320万円以上520万円未満。
⑷　厚生労働省「地域包括ケアシステム」（https://www.mhlw.go.jp/stf/seisakunitsuite/bunya/hukushi_kaigo/kaigo_koureisha/chiiki-houkatsu/　2022年2月5日閲覧）。
⑸　厚生労働省「2040年を展望した社会保障・働き方改革について」（https://www.mhlw.go.jp/stf/newpage_21483.html　2022年2月5日閲覧）。
⑹　厚生労働省（2021）『令和3年版厚生労働白書　資料編』（https://www.mhlw.go.jp/wp/hakusyo/kousei/20-2/dl/02.pdf　2022年2月5日閲覧）。
⑺　⑹と同じ。
⑻　内閣府（2021）『令和3年版高齢社会白書』。
⑼　脳血管疾患もしくは骨折などのけがにより入院や手術直後に丸一日も経たない，いわゆる急性期の段階からリハビリテーションを開始することで，回復が早まる，後遺症を低減できる，廃用症候群を予防できるなどの効果が期待できる。

学習課題
①　高齢者が生きがいをもって過ごすための，健康寿命の延伸につながる具体的な対応について，壮年期（30〜49歳頃），中年期（50〜64歳頃），高年期（65歳以上）において，それぞれ取り組めることを具体的に考えてみよう。
②　少子高齢化の進展も踏まえ，高齢者に対する医療の保険料負担と医療給付のバランスをとるために必要と思われることを具体的に考えてみよう。

～～～～～ **コラム　高齢者の医療費はどれくらいかかるの？** ～～～～～

　実際に高齢者が病気になり，入院した場合，どれくらい費用がかかるのか，確認してみたい。

〈モデルケース　Ａさん　78歳男性，単身者，所得区分「一般」〉

　前提条件として，所得区分「一般」の場合，医療費の自己負担割合は1割，入院時標準負担額（＝食事代）一食あたり460円，高額療養費制度が適用されると自己負担限度額（＝自己負担の上限額）は外来月額1万8000円，入院月額5万7600円となる。なお，所得区分により負担割合など，細かく区分され，今回は2022年1月現在の状況を反映した。

　Ａさんは，脳梗塞を発症，病院に2週間入院，一日2000円の個室に入り，麻痺もほとんど残らず，退院した。

　この2週間の入院の医療費は，①自己負担1割分，②入院時標準負担額（食事代），③個室代の合計額となる。①自己負担1割分は，高額療養費が適用され，5万7600円，②入院時標準負担額（食事代）は，14日分42食で計1万9320円，③個室代は，14日分で計2万8000円，合計金額10万4920円となる。なお，食事は便宜上，入院日すべて喫食した，個室には入院当時から入院した，と仮定して算定した。

　このように，実際には，医療費自体は数十万円かかっているにもかかわらず，10万円程度の自己負担で入院治療を受けることができている。現時点では比較的安価で高度な医療を受けられるような仕組みとなっており，今後は，次世代以降も同様の医療を受けられるよう制度の持続性が求められる。

注：2022年10月より，自己負担割が1割負担の者のうち，一定の収入がある者については2割負担になる。
参考：大阪府後期高齢者医療広域連合「後期高齢者医療制度のしおり（リーフレット）　令和3年5月版」。

～～～～～～～～～～～～～～～～～～～～～～～～～

第8章

高齢者虐待を防止するための法制度と取り組み

　本章は，高齢者の人権・権利を侵害する社会問題である高齢者虐待について多角的に理解することを目的としている。養護者による高齢者虐待を中心に現状を把握したうえで，虐待の発見，対応から予防策について確認していくが，養護者の置かれている環境にも目を向け，虐待を減らすために支援者ができること，さらに「自分が高齢者虐待を発見した場合に何をすることが求められるのか」を考えながら読み進めてもらいたい。

1　高齢者虐待の現状

（1）高齢者虐待に関する用語の理解
　2006（平成18）年4月に施行された「高齢者虐待の防止，高齢者の養護者に対する支援等に関する法律」（高齢者虐待防止法）は，その目的として，「高齢者の尊厳の保持にとって高齢者に対する虐待を防止することが極めて重要であること等にかんがみ，高齢者虐待の防止等に関する国等の責務，高齢者虐待を受けた高齢者に対する保護のための措置，養護者の負担の軽減を図ること等の養護者に対する養護者による高齢者虐待の防止に資する支援（以下「養護者に対する支援」という。）のための措置等を定めることにより，高齢者虐待の防止，養護者に対する支援等に関する施策を促進し，もって高齢者の権利利益の擁護に資する」こととしている。
　同法の中では，高齢者を「65歳以上の者」としている。また，虐待者については，①養護者による虐待と，②養介護施設従事者等による虐待の2つに分け

表8-1　高齢者虐待の類型

類　型	高齢者虐待防止法上の説明
身体的虐待	高齢者の身体に外傷が生じ，または生じるおそれのある暴行を加えること。
介護・世話の放棄・放任（ネグレクト）	高齢者を衰弱させるような著しい減食または長時間の放置，養護者以外の同居人による身体的虐待，心理的虐待または性的虐待に掲げる行為と同様の行為の放置等養護を著しく怠ること。
心理的虐待	高齢者に対する著しい暴言または著しく拒絶的な対応その他の高齢者に著しい心理的外傷を与える言動を行うこと。
性的虐待	高齢者にわいせつな行為をすることまたは高齢者をしてわいせつな行為をさせること。
経済的虐待	養護者または高齢者の親族が当該高齢者の財産を不当に処分することその他当該高齢者から不当に財産上の利益を得ること。

出所：高齢者虐待防止法第2条をもとに筆者作成。

ている。ここでいう「養護者」とは，高齢者本人に対して何らかの世話を現に行っている者を指す。たとえば高齢者の介護や金銭管理などをしている配偶者や子どもなどの親族が想定されるが，必ずしも高齢者の親族であることや同居していることを要件とはしない。つまり，高齢者を世話するために訪問するような親族や知人なども含まれるため，高齢者の現状に即して養護者をとらえる視点が必要である。

　一方の「養介護施設従事者等」は老人福祉法と介護保険法に規定する養介護施設や養介護事業の業務の従事者であり，直接に介護を行わない施設長や事務職なども含まれる。

　また，虐待類型として身体的虐待，介護・世話の放棄・放任（ネグレクト），心理的虐待，性的虐待，経済的虐待に分類される（表8-1）。児童虐待の防止等に関する法律（児童虐待防止法）と比べると経済的虐待を類型の中に位置づけていることに特徴があり，高齢者が自分の年金等の収入，財産を自分の意思に反して使われるような事態を想定している。

（2）高齢者虐待の傾向

　次に高齢者虐待に関する現状について，厚生労働省の調査報告をもとに説明

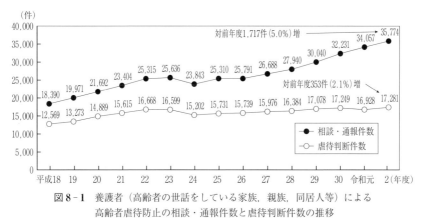

図8-1　養護者（高齢者の世話をしている家族，親族，同居人等）による
高齢者虐待防止の相談・通報件数と虐待判断件数の推移

表8-2　被虐待高齢者の要介護認定の状況

	人　数	割　合（％）
要介護認定　未申請	5,040	28.3
要介護認定　申請中	549	3.1
要介護認定　済み	11,741	66.0
要介護認定　非該当（自立）	388	2.2
不　明	60	0.3
合　計	17,778	100.0

する。2020（令和2）年度の養護者による高齢者虐待の相談・通報件数は3万5774件であり，高齢者虐待に関する相談・通報は増加傾向にある。そして，相談・通報の後，事実確認が行われて虐待判断に至った件数は1万7281件に上っている（図8-1）。一方，養介護施設従事者等による虐待の相談・通報件数は，2097件で，そのうち虐待判断に至った件数は595件となっており，前年度より減少している。(1)

　被虐待高齢者は，女性が75.2％，男性が24.7％となっており，圧倒的に女性が多い。また，年齢階級別でみると，「80〜84歳」が最も多く，さらに被虐待

高齢者の66.0%が要介護認定を受けている（表8-2）。心身機能の低下に伴って何かしらの介護が必要となる高齢者に虐待のリスクが生じやすいと考えられる。一方，虐待者と被虐待高齢者の続柄は，息子（39.9%），夫（22.4%），娘（17.8%）の順に多くなっている。

　また，調査報告によれば虐待者の要因としては，「虐待者の性格や人格（に基づく言動）」（57.9%），「被虐待高齢者の認知症の症状」（52.9%），虐待者の「介護疲れ・介護ストレス」（50.0%），「被虐待高齢者との虐待発生までの人間関係」（46.5%），虐待者の「精神状態が安定していない」（46.1%），虐待者の「理解力の不足や低下」（43.1%），虐待者の「知識や情報の不足」（42.6%）等がある。養護者による虐待の要因以外にも，被虐待高齢者の認知症の症状や身体的自立度の低さなどの「被虐待者の状況」，経済的困窮や虐待者以外の家族が介護等に無理解・非協力であるといった「家庭の要因」，介護サービスの不足やミスマッチなどの要因があり，養護者個人の課題だけでなく，虐待を発生させる様々な要因に目を向ける必要がある。[2]

2　高齢者虐待防止法の概要

（1）国及び地方公共団体の責務

　高齢者虐待防止法では，国及び地方公共団体は，高齢者虐待の防止，高齢者虐待を受けた高齢者の迅速かつ適切な保護及び適切な養護者に対する支援を行うため，関係省庁相互間その他関係機関及び民間団体の間の連携の強化，民間団体の支援その他必要な体制の整備に努めなければならないことが規定されている（第3条）。養護者による高齢者虐待の対応については，市町村が行うこととされているが，①高齢者や養護者への相談，指導及び助言，②虐待通報や届出の受理，③高齢者の安全確認や事実確認，④養護者の負担軽減のための措置などの事務の全部または一部を地域包括支援センター等に委託することができる。

（2）虐待の発見と通報

　高齢者虐待防止法では，「養護者による高齢者虐待を受けたと思われる高齢者を発見した者は，速やかに，これを市町村に通報するよう努めなければならない」という努力義務を規定しているが，発見した中で「当該高齢者の生命又は身体に重大な危険が生じている場合は，速やかに，市町村に通報しなければならない」と義務を規定している（第7条）。特に高齢者の福祉に業務上関係のある団体及び養介護施設従事者等，医師，保健師，弁護士その他高齢者の福祉に職務上関係のある者については，高齢者虐待を発見しやすい立場にあることを自覚して高齢者虐待の早期発見に努めなければならないことが規定されている（第5条）。

　通報をする場合，家庭内の秘密を外部に漏らすことへの抵抗感や通報者が特定されて養護者とトラブルになってしまうのではないかという心理的な負担も想定される。しかし，高齢者の生命を守ることが最優先であるため，刑法の秘密漏示罪の規定や守秘義務に関する各法律の規定が通報することを妨げるものとして解釈してはならないとし，加えて通報や届出を受けた市町村職員は「その職務上知り得た事項であって当該通報又は届出をした者を特定させるものを漏らしてはならない」とし（第8条），通報者の秘密は守られるようになっている。また，次項で述べるように事実確認や情報収集の後，市町村が虐待の有無の判断を行うため，通報者は虐待であると確信せずとも通報してもよいといえる。

　そして，養介護施設従事者等による虐待を発見した場合においても通報義務が課せられている（第21条）。また，虐待を発見した養介護施設従事者等が通報したことを理由として，「解雇その他不利益な取扱いを受けない」と規定し，通報者を保護している。

（3）虐待対応の流れ

　市町村による高齢者虐待対応は初動期，対応期，終結期の3つの段階に分かれる（図8-2）。初動期は，高齢者の生命・身体の安全確保を目的とし，相談・通報・届出を受理後，高齢者の居所に訪問して安否確認や事実確認を行い，

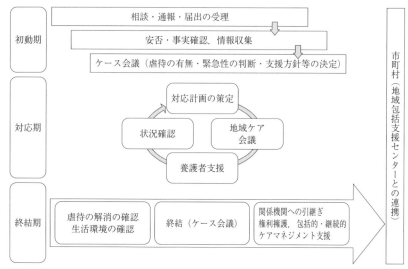

図8-2　高齢者虐待対応の流れ

出所：大阪市（2020）『高齢者虐待の理解と防止』9頁を一部改変。

虐待の有無や緊急性の判断を行う。事実確認の訪問の際，高齢者の生命に重大な危険が生じていることが想定できる場合は，住居への立入調査やそのための警察への援助要請なども行われる。加えて，高齢者の生命や身体に重大な危険が生じているおそれがあるときは，一時保護（分離保護）の検討と対応がなされる（第9条）。

　対応期は，虐待の解消と高齢者が安心して生活を送ることができる環境を整えるために養護者を含めて必要な支援を行う。この間にも高齢者や養護者に関する情報収集を継続し，虐待発生要因の明確化，高齢者が安心して生活を送るための課題やニーズを整理する。また，具体的な対応の例としては，市町村長による成年後見制度の申立，地域包括支援センターや各介護保険事業所と連携し，要介護認定の申請，ケアプランの見直しやサービスの調整などを行い，虐待の解消まで定期的にケース会議を開催することなどが挙げられる。

　そして，終結期は「虐待の解消」を確認できることを要件として，必要に応じて関係機関へと引き継ぐ。虐待対応の終結がなされたとしても，再発の可能性を視野に入れたり，高齢者がよりよく生活することができるよう継続的な支

援を展開したりする。

　これらの対応の中で，高齢者や養護者への相談・助言・指導，高齢者の通報や届出の受理，高齢者の安全の確認その他通報または届出に係る事実の確認のための措置，養護者の負担の軽減のための措置など，高齢者虐待に関係する対応事務を地域包括支援センター等に委託することができる（第17条）。

3　高齢者虐待の予防・防止に向けた取り組み

（1）虐待の早期発見

　高齢者虐待を防止するには，高齢者や養護者の様子の変化を敏感に感じ取って虐待を早期発見し，適切な支援につないでいくことが求められる。そのためには，市町村だけでなく地域住民を含めた連携協力体制が不可欠である。厚生労働省の「市町村・都道府県における高齢者虐待への対応と養護者支援について（平成30年 3 月改訂）」によると，地域の実情に応じて 3 つの機能からなる「高齢者虐待防止ネットワーク」の構築が想定されている。

　1 つ目は，住民が中心となって虐待の防止・早期発見や見守り機能を担う「早期発見・見守りネットワーク」で，市町村や地域包括支援センターが民間企業，民生委員，自治会，老人クラブ，家族会など多様な機関・人々と関係を築いておくことで，早期に虐待情報の共有を図ることができる。2 つ目は，医療機関や介護保険事業者等から構成される「保健医療福祉サービス介入ネットワーク」である。具体的な支援の提供だけでなく，早期発見機能としても期待することができる。たとえば，バイタルサイン，体重の測定や入浴する機会のある介護サービスでは高齢者の健康状態の変化や痣や傷などの外傷を発見しやすいことが挙げられる。3 つ目は，「関係専門機関介入支援ネットワーク」である。これは，保健医療福祉分野で通常の支援範囲を超えた対応が求められる場合に必要となるもので，警察，消防などに加えて，弁護士，司法書士などの法律家などとの連携が想定されている。

（2）養護者への理解と支援の充実

　在宅で高齢者の世話をしている場合，養護者が介護に関する知識や技術を持ち合わせておらず，意図せずとも結果的に虐待状態になっていることもある。さらに，地域から孤立していて他者に介護の相談ができない，または身内の介護ができないということを恥と感じて相談を躊躇してしまうといったことも考えられる。そして，自分自身の高齢者に対するかかわり方が不適切であることは自覚しているが，現状をどう解決すればよいのか悩んでいることもある。このように苦しい環境に置かれている養護者の立場を考えながら支援にあたらなければ，信頼関係を構築していくことは困難である。各支援機関が養護者理解を基盤として，養護者のもつストレングスを活かしつつ，課題を解決するための社会資源を把握，創造し，解決へとつなげていくことが虐待対応を行ううえで重要となる。

　社会資源の例としては，同じような介護の境遇にある介護者で悩みを共有したり，助言を得られたりする介護者家族の集い，介護の知識や技術に関する情報提供をする介護教室，認知症に関する悩みを気軽に相談できる認知症カフェなど，その地域にある強みを活かした養護者支援のネットワークを構築していく必要がある。

注
(1)　厚生労働省（2121）「令和2年度『高齢者虐待の防止，高齢者の養護者に対する支援等に関する法律』に基づく対応状況等に関する調査結果」(https://www.mhlw.go.jp/content/12304250/000871876.pdf　2022年1月10日閲覧)。
(2)　厚生労働省（2021）「令和2年度『高齢者虐待の防止，高齢者の養護者に対する支援等に関する法律』に基づく対応状況等に関する調査結果（添付資料）」13頁において，虐待の発生要因を「虐待者の要因」「被虐待者の状況」「家庭の要因」「その他」に分類しながら件数を集計している。

参考文献
大阪市（2020）パンフレット『高齢者虐待の理解と防止』。
厚生労働省（2018）『市町村・都道府県における高齢者虐待への対応と養護者支援に

ついて（平成30年 3 月改訂）』（https://www.mhlw.go.jp/file/06-Seisakujouhou-12300000-Roukenkyoku/1.pdf　2022年 1 月20日閲覧）。

厚生労働省（2021）「令和 2 年度『高齢者虐待の防止，高齢者の養護者に対する支援等に関する法律』に基づく対応状況等に関する調査結果」（https://www.mhlw.go.jp/content/12304250/000871876.pdf　2022年 1 月10日閲覧）。

日本社会福祉士会編（2011）『市町村・地域包括支援センター・都道府県のための養護者による高齢者虐待の手引き』中央法規出版。

学習課題

①　地域包括支援センターが 3 職種を中心として，どのように高齢者虐待の防止・予防に取り組んでいるのか，調べてみよう。

②　自分の暮らす地域にある高齢者虐待の予防，対応に関係する社会資源（地域福祉センター，介護者家族の会など）について，それぞれがどのような機能を果たしているかまとめ，その内容をグループで発表し合い，違いを考えてみよう。

────── コラム　養護者の想いにどれだけ寄り添えるか ──────

　以下は，筆者が地域包括支援センターで勤務していたときに担当した「身体的虐待」と認定された事例である。

　集合住宅で重度の認知症高齢者の母親と二人暮らしの養護者（息子）は，目を離すと家から出ていこうとする母親を制止したり，エレベーターをトイレと間違えて排せつしたときの後処理や管理会社への連絡・謝罪などに追われる毎日に，心身ともに限界を迎えていた。母親はデイサービスを利用しており，入浴のための脱衣時に施設職員が左腕と右太腿に痣があるのを確認し，痣の箇所を不自然に思ったことから虐待通報へと至った。

　社会福祉士であった筆者は，事実確認のために保健師とともに訪問し，養護者と面談を行った。そのときに養護者は「あなただって私と同じ境遇だったら，同じように虐待してるよ！」と怒りとも悲しみともとれる表情を浮かべ，涙を流しながらやりきれない想いをぶつけてくれた。

　養護者の話を傾聴し，養護者の気持ちが落ち着いてから，社会福祉士として解決すべき課題を整理していった。養護者は介護がいつまで続くのかわからないと不安に感じていること（心理的不安・身体的負担），介護のために正職員の仕事を辞めて経済的に苦しくなっていること（経済的損失），他に頼れる親族がなく病院での病状に関する説明

や同意などを一人で引き受ける重責を担っていること（責任感），介護がはじまってから趣味である釣りに行くことができず気分転換ができないこと（機会損失）など，様々な悩みを語ってくれた。

　その後，市の担当者，かかりつけ医，母親を担当しているケアマネジャー，デイサービスの職員らと連携しながら，どのようにそれぞれの課題を解決していくことができるか，養護者の負担軽減を図る調整を続け，約1年後には，二人の関係は良好な状態へと戻り，養護者の表情にも笑顔がみられるようになった。

　虐待対応をする際，養護者は「悪いことをしている」という罪悪感を抱えている場合があり，支援者に非難されるのではないかと不安に思っていることがある。高齢者の人権や尊厳を守りつつ，養護者の気持ちにも共感し支援していくことは難しいが，社会福祉士の腕の見せ所であるといえる。

第 9 章

高齢者の社会参加を促進するための法制度

　厚生労働省「介護保険事業状況報告（暫定）」（2019年 1 月末現在）によると，介護保険制度の第 1 号被保険者（65歳以上の者）のうち要支援者または要介護者と認定された者は642万9422人であり，65歳以上の者の18.3％である。つまり，第 1 号被保険者の約 8 割は要支援または要介護認定を受けていない高齢者である。これらの高齢者の社会参加を促進する施策が重要になってくる。また，要支援・要介護状態になった高齢者も社会参加できるようにバリアフリー施策の推進が重要である。本章では，高齢者の社会参加を促進させ，高齢者が住み慣れた地域で暮らし続けるための施策について学ぶ。

1　高齢者の社会参加の現状

（1）社会参加とは

　高齢者の社会参加は，高齢者の生きがいづくりのみならず，閉じこもり防止，心身機能の向上，社会貢献につながるなど，様々な意義がある。今後，団塊の世代が高齢期を迎える中で，高齢者のライフスタイルや価値観がさらに多様化していくことが予想される。新しい高齢者のニーズや志向なども踏まえ，様々な社会参加の機会を確保することが重要になる。

　社会参加については，老人福祉法第 3 条（基本理念）では高齢者に社会的活動に参加することを求める規定や，社会的活動に参加する機会が与えられることを定める内容が示されている。また，高齢社会対策基本法第11条においても「学習及び社会参加」に関する規定があり，生涯学習の機会を確保することや

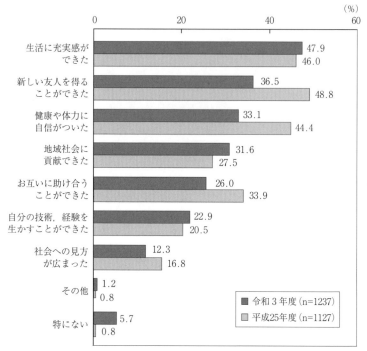

図 9-1　社会活動に参加して良かったと思うこと

出所：内閣府（2022）「令和 3 年度 高齢者の日常生活・地域社会への参加に関する調査」。

　ボランティア活動の基盤を整備することを国に求めている。

　内閣府「令和 3 年度　高齢者の日常生活・地域社会への参加に関する調査」の結果は，以下の通りである。個人または友人と，あるいはグループや団体で自主的に行われているいずれかの活動を行った，または参加し，その満足度を回答した人を対象に，「あなた自身にとって，そのような活動全体を通じて，参加して良かったと思うのはどのようなことですか」と質問した結果，総数では「生活に充実感ができた」が47.9％で最も高く，以下「新しい友人を得ることができた」が36.5％，「健康や体力に自信がついた」が33.1％，「地域社会に貢献できた」が31.6％，「お互いに助け合うことができた」が26.0％などとなっている。そして，両年度において「特にない」と回答した人は，ごくわず

かであった[1]（図9-1）。

（2）社会参加への実践

　高齢者が社会参加できる活動には，様々な種類のものがある。本項では，その中でも老人クラブ，ボランティア活動，ふれあい・いきいきサロン，全国健康福祉祭を取り上げて説明する。

　①　老人クラブ

　老人クラブは，高齢者の生きがいと健康づくり推進のため，地域を基盤とする高齢者の自主的な活動組織である。おおむね60歳以上の高齢者で構成されている。

　1963（昭和38）年より老人クラブが行う各種の活動に対して老人福祉法の国庫補助が適用されるようになった。それに伴い，老人クラブは加速度的に増え，1980（昭和55）年には加入率は60歳以上人口の約51％になったが，それ以降の加入率は年々下がっている。2021（令和3）年3月末現在，クラブ数は8万9498クラブ，会員数は471万2182人である[2]（図9-2）。

　老人クラブの活動は，会員である高齢者の豊かな知識や経験を活かして，友愛訪問活動や清掃活動等のボランティア活動，生きがい活動，健康づくり活動などを実践し，高齢者の社会参加や地域づくりに貢献している。高齢化の進展や地域住民のつながりの希薄化に伴って，老人クラブの果たす役割は今日においても重要である。

　②　ボランティア活動

　地域における多様なニーズへの対応を図るうえで，ボランティア活動は欠かすことのできない存在である。ボランティア活動には，子どもから高齢者までの幅広い年齢層の者がかかわっている。その中でも，高齢者への期待は大きく，高齢者はこれまで培った豊富な経験や知識を活かしながら，ボランティア活動の担い手として，大きな役割を果たすことができると考えられている。今日，高齢者に対するボランティア活動ではなく，高齢者によるボランティア活動が注目されている。そして，高齢者がボランティア活動を通じて社会参加することは，結果として社会に貢献することとなり，同時に高齢者に生きがいをもた

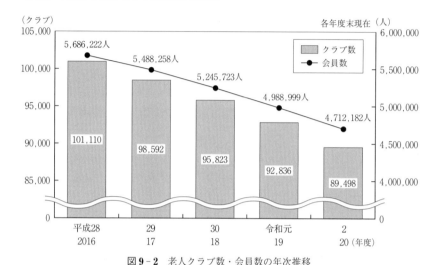

図9-2　老人クラブ数・会員数の年次推移

出所：厚生労働省（2021）「令和2年度福祉行政報告例の概況」。

らすことになる。内閣府「高齢者の経済生活に関する意識調査」（2011年）によると、60歳以上の高齢者のうち過去1年間に地域活動・ボランティア活動に参加した人の割合は47.0%（男性 51.5%、女性 43.0%）となっている。

　ボランティア活動に関連して注目されているのが特定非営利活動法人（NPO法人）である。特定非営利活動法人とは、1998（平成10）年に制定された特定非営利活動促進法（NPO法）に基づき、営利を目的としない団体に対して与えられた法人格である。NPO法人は、ボランティア活動をはじめとする市民の自由な社会貢献活動としての特定非営利活動の健全な発展を促進することを目的とした団体である。特定非営利活動促進法でいう「非営利」とは、利益を上げてはならないことではなく、余剰利益を構成員に配分してはならないことを意味し、NPO法人は収益事業を行うことは可能である。特定非営利活動とは、不特定かつ多数のものの利益の増進に寄与することを目的とする活動のことである。NPO法が制定された1998（平成10）年は12分野のみの活動であったが、その後、該当する活動分野が拡大され、2012（平成24）年4月より20分野にまで拡大された。20分野のうち、「保健、医療または福祉の増進を図る活動」が最も多い活動分野である。そして、特定非営利活動として、「宗教の教義を広

める活動」と「政治上の主義を推進する活動」は認められていない。NPO法人には，役員として，理事を3人以上，監事を1人以上置かなければならない。そして，役員のうち報酬を受ける者の数が，役員総数の3分の1以下であることが定められている。

③　ふれあい・いきいきサロン

ふれあい・いきいきサロン（以下，サロン）は，全国社会福祉協議会が1994（平成6）年に提唱した活動である。サロンとは，「地域を拠点に，住民である当事者とボランティアとが協働で企画をし，内容を決め，共に運営していく楽しい仲間づくりの活動」をいう。

サロンでは公民館や集会所などを拠点に，茶話会，趣味・演芸活動，学習会，軽スポーツなどの様々な活動に取り組みが行われている。また高齢者だけではなく，地域に住んでいる障害者や子育て中の親など，閉じこもりや孤立しがちな人々が集まり，仲間づくりの場になっている。市区町村社会福祉協議会は住民の自主的・自発的なサロン活動の支援を行うが，サロンの運営は，その地域に住む住民がボランティアとして行う。サロンに参加する高齢者も，あるときは利用者，あるときは担い手となる。

外出の機会が少ない高齢者にとって，サロンに出かけることは，生活に張り合いをもたらす効果がある。また，サロンが地域住民のつながりづくりの場となる。そして，高齢者がサロンに集い，日常生活の悩みや困り事を共有することによって，助言を得たり，お互いに情報交換することができる。さらにサロンでは，様々なプログラムが考えられており，その中には健康チェックや保健指導の他，軽い運動プログラムなどもあり，楽しみながら健康維持に取り組める。また，定期的に開催することにより，参加者相互の見守り活動にもなる。そして，高齢者の社会的孤立や孤独死（孤立死）の予防にもなる。

④　全国健康福祉祭

全国健康福祉祭（愛称ねんりんピック）は，厚生省創立50周年にあたる1988（昭和63）年から毎年開催されている。主な参加者は60歳以上の者であるが，子どもから高齢者まで幅広い世代の者が参加できるようになっている。全国健康福祉祭は，スポーツや文化種目の交流大会をはじめ，健康や福祉に関する多彩

なイベントを通じ，高齢者を中心とする国民の健康保持・増進，社会参加，生きがいの高揚を図り，ふれあいと活力ある長寿社会の形成に寄与することを目的として開催されている。

2　バリアフリー法の概要

今日，誰もが住みやすい社会を目指して，バリアフリーやユニバーサルデザインが推進されている。これらの推進に向けて法整備も進んでいる。本項では，バリアフリーに関する法律について説明する。

（1）ハートビル法と交通バリアフリー法

急速な高齢化が進行した日本では，あらゆる人々が社会活動に参加し，自己実現しやすい環境を整備することが求められた。そこで，1994（平成6）年に「高齢者，身体障害者等が円滑に利用できる特定建築物の建築の促進に関する法律」（ハートビル法）が施行された。ハートビル法は，高齢者や身体障害者等の自立と社会参加を促すため，不特定多数の人が利用する特定建築物等について，高齢者や身体障害者等が円滑に利用できるように整備を促進するため，バリアフリー化を義務づけた法律である。特定建築物とは，病院，劇場，観覧場，集会場，展示場，百貨店その他の不特定かつ多数の者が利用する政令で定める建築物のことである。

ついで，2000（平成12）年に「高齢者，身体障害者等の公共交通機関を利用した移動の円滑化の促進に関する法律」（交通バリアフリー法）が施行された。交通バリアフリー法は，高齢者や身体障害者等が公共交通機関を利用した移動の利便性及び安全性の向上を図るために，駅やバスターミナルなどの旅客施設，鉄道やバスなどの車両を中心とした一定の地区における周辺の道路，駅前広場，信号機等のバリアフリー化を推進することを目的としている。

（2）バリアフリー法

バリアフリー施策を推進するために，ハートビル法と交通バリアフリー法を

統合・拡充した「高齢者，障害者等の移動等の円滑化の促進に関する法律」（バリアフリー法）が2006（平成18）年に施行された。これまで別々に進められてきた建築物と公共交通機関のバリアフリー施策が一体的に推進されることになった。

本法では，「特定建築物」とは学校，病院，劇場，観覧場，集会場，展示場，百貨店，ホテル，事務所，共同住宅，老人ホームその他の多数の者が利用する政令で定める建築物と定義している。また，「特別特定建築物」とは不特定かつ多数の者が利用し，または主として高齢者，障害者等が利用する特定建築物その他の特定建築物であって，移動等円滑化が特に必要なものとして政令で定めるものと定義している。

バリアフリー法では，高齢者や身体障害者だけではなく，知的障害者・精神障害者・発達障害者を含む，すべての障害者を対象にし，さらに妊婦，けが人なども対象にした。これらの人々の移動や施設利用の利便性や安全性の向上を促進するために，公共交通機関，建築物，公共施設のバリアフリー化を推進するとともに，駅を中心とした地区や，高齢者，障害者などが利用する施設が集まった地区において，重点的かつ一体的なバリアフリー化を推進することになった。

駅やバスターミナルなどの旅客施設，鉄道やバスなどの車両の公共交通機関，並びに特定建築物，道路，路外駐車場及び都市公園を新しく建設する場合，それぞれの事業者・建築主などの施設設置管理者に対して，施設ごとに定めた「バリアフリー化基準（移動等円滑化基準）」への適合を義務づけた。既存のこれらの施設等について，基準適合するように努力義務が課された。さらに住民参画などのソフト面での施策の充実も図られる。

具体的なバリアフリー施策などの内容として，高齢者，障害者などの当事者の参加によって施策を検証し，その結果に基づいて新たな施策や措置を講じることによって，段階的・継続的な発展を図っていく「スパイラルアップ」を国（地方自治体）の責務とした。また，バリアフリー化を促進するため，国民の理解・協力を求める「心のバリアフリー」を国（地方自治体）や国民の責務とした。

　2018（平成30）年のバリアフリー法改正に基づく措置は，「共生社会の実現」と「社会的障壁の除去」に資することを旨として行われなければならないことを基本理念として明記された。

（3）ユニバーサル社会の実現に向けて

　2002（平成14）年の「障害者基本計画」によると，バリアフリーとは「障害のある人が社会生活をしていく上で障壁（バリア）となるものを除去するという意味で，もともと住宅建築用語で登場し，段差等の物理的障壁の除去をいうことが多いが，より広く障害者の社会参加を困難にしている社会的，制度的，心理的なすべての障壁の除去」と説明されている。また，ユニバーサルデザインとは「あらかじめ，障害の有無，年齢，性別，人種等にかかわらず多様な人々が利用しやすいよう都市や生活環境をデザインする考え方」と説明している。

　国土交通省により，2005（平成17）年にバリアフリー施策の指針となる「ユニバーサルデザイン政策大綱」がまとめられた。この大綱では「どこでも，だれでも，自由に，使いやすく」というユニバーサルデザインの考え方を踏まえ，今後，身体的状況，年齢，国籍などを問わず，可能な限りすべての人が，人格と個性を尊重され，自由に社会に参画し，生き生きと安全で豊かに暮らせるよう，生活環境や連続した移動環境をハード・ソフトの両面から継続して整備・改善していくという理念に基づき，国土交通省が政策を推進することになった。

　そして，2018（平成30）年に「ユニバーサル社会の実現に向けた諸施策の総合的かつ一体的な推進に関する法律」（ユニバーサル社会実現推進法）が施行された。本法の目的は，すべての国民が，障害の有無，年齢等にかかわらず，等しく基本的人権を享有するかけがえのない個人として尊重されるものであるとの理念にのっとり，障害者，高齢者等の自立した日常生活及び社会生活が確保されることの重要性に鑑み，ユニバーサル社会の実現に向けた諸施策を総合的かつ一体的に推進することである。

3　高齢者の社会参加を促進するための諸施策における課題

　本節では，高齢社会対策の推進を図る高齢社会対策基本法，その対策の指針にあたる高齢社会対策大綱について説明する。そして，高齢者の社会参加を推進するうえでの課題について述べる。

（1）高齢社会対策基本法

　人口の高齢化に対応して，高齢社会対策の総合的な推進を図るため，1995（平成7）年に高齢社会対策基本法が制定された。高齢社会対策基本法では，基本理念（第2条）として，以下のような社会が構築されることを目指している。①国民が生涯にわたって就業その他の多様な社会的活動に参加する機会が確保される公正で活力ある社会。②国民が生涯にわたって社会を構成する重要な一員として尊重され，地域社会が自立と連帯の精神に立脚して形成される社会。③国民が生涯にわたって健やかで充実した生活を営むことができる豊かな社会。

　また，国及び地方公共団体は，それぞれ基本理念にのっとって高齢社会対策を策定し，実施する責務がある（第3条及び第4条）。一方，国民は，高齢化の進展に伴う経済社会の変化についての理解を深め，及び相互の連帯をいっそう強めるとともに，自らの高齢期において健やかで充実した生活を営むことができるよう「国民の努力」（第5条）についても規定されている。そして，国が講ずる基本的施策として，就業及び所得，健康及び福祉，学習及び社会参加，生活環境，調査研究等の推進，国民の意見の反映について規定している。あわせて，政府は国会に高齢社会対策に関する年次報告書として『高齢社会白書』を提出している。また，内閣府に特別機関として「高齢社会対策会議」を設置することを定めている。

（2）高齢社会対策大綱

　高齢社会対策大綱は，高齢社会対策基本法に基づき政府に作成が義務づけられているものであり，政府が推進する高齢社会対策の中長期的な指針である。

高齢社会対策大綱は，1996（平成8）年に最初に策定され，その後2001（平成13）年，2012（平成24）年に改定が行われた。

2018（平成30）年に策定された高齢社会対策大綱は，65歳以上を一律に「高齢者」とみる一般的な傾向は，もはや現実的なものではなくなりつつあるとしている。そして，70歳やそれ以降でも，個々人の意欲・能力に応じた力を発揮できる時代が到来しており，「高齢者を支える」発想とともに，意欲ある高齢者の能力発揮を可能にする社会環境を作ることを目的としている。

高齢社会対策大綱では，以下に掲げる3つの基本的考え方にのっとり，高齢社会対策を進めることを提言している。①年齢による画一化を見直し，すべての年代の人々が希望に応じて意欲・能力を活かして活躍できるエイジレス社会を目指す。②地域における生活基盤を整備し，人生のどの段階でも高齢期の暮らしを具体的に描ける地域コミュニティを作る。③技術革新の成果が可能にする新しい高齢社会対策を志向する。

高齢社会対策の推進の基本的考え方を踏まえ，就業・所得，健康・福祉，学習・社会参加，生活環境，研究開発・国際社会への貢献等，すべての世代の活躍推進の6つの分野別の基本的施策に関する中期にわたる指針を定めている。

（3）高齢者の社会参加への課題

わが国は，今後ますます高齢化率が上昇し，要介護高齢者が増加する一方で，元気で活動的な高齢者も増加する。2015（平成27）年介護保険制度の改正により，介護予防訪問介護と介護予防通所介護は2015（平成27）年4月より随時，市区町村が運営する地域支援事業のうちの「介護予防・日常生活支援総合事業」に移行することになった。そして，2017（平成29）年4月よりすべての市区町村で実施された。そのため，NPOやボランティアがサービスを提供することが可能になり，中でも自立した高齢者への期待が高まっている。国は高齢者の社会参加や生きがい対策の充実を図りながら，自立した高齢者を活用する仕組みづくりが求められる。このような自立した高齢者のエネルギーを社会貢献につなげることができるような支援体制の構築が今後の課題である。

先述の内閣府「高齢者の経済生活に関する意識調査」（2011年）で示した通り，

地域活動・ボランティア活動に参加した高齢者も 5 割弱存在する。しかし，要支援または要介護認定を受けていない高齢者の割合（約 8 割）と比較すると，地域活動・ボランティア活動への参加者数が多いとはいえない。今後，社会参加する高齢者が増加するような仕組みづくりが求められる。

そして，社会参加する機会の保障は，自立した高齢者だけではなく，要支援または要介護状態になった高齢者にも必要である。つまり，健康状態や要介護状態にかかわらず，すべての高齢者に社会参加が重要であり，これらの仕組みの構築が今後の課題である。

注

(1)　内閣府（2022）「令和 3 年度　高齢者の日常生活・地域社会への参加に関する調査」（https://www8.cao.go.jp/kourei/ishiki/r03/zentai/pdf_index.html　2022年 7 月30日閲覧）。

(2)　厚生労働省（2021）「令和 2 年度　福祉行政報告例の概況」（https://www.mhlw.go.jp/toukei/saikin/hw/gyousei/20/dl/kekka_gaiyo.pdf　2022年 1 月31日閲覧）。

(3)　全国社会福祉協議会（2000）『あなたも　まちも　いきいき！「ふれあい・いきいきサロン」のすすめ』全国社会福祉協議会。

(4)　全国社会福祉協議会（2010）『ふれあい・いきいきサロン』全国社会福祉協議会。

学習課題

①　高齢者の社会参加を促進する NPO 活動について調べてみよう。

②　公共施設や公共交通機関では，どのようなバリアフリーやユニバーサルデザインが取り入れられているかについて調べてみよう。

～～～～～　コラム　誰もが暮らしやすいまちづくりを目指して　～～～～～

　介護保険制度が施行された2000（平成12）年頃，田舎で一人暮らしをする母親にいよいよ介護が必要になり，特別養護老人ホームへ入所の申し込みをしました。しかし，まだ軽度であることと，入所待機者が多いことから，すぐに入所できる見通しが立ちませんでした。ちょうどその頃，母親が住む町の隣町で，駅からも徒歩10分程度のところに有料老人ホームが開設されました。駅の近くにはスーパーもあり，入居者が買い物もしやすい生活環境でした。老人ホームの立地が駅から近いことで，入居者が鉄道を利用して外出しやすいこともPRされていました。地元では人里離れた場所ではなく，何かと便利なところに老人ホームが開設されたと話題になりました。

　入居者が利用すると思われるスーパーの店内はバリアフリーになっており，エレベーターも設置されていました。しかし，スーパーまでの道のりには段差があり，介助者がいても車いすでは容易に出かけられそうにはありませんでした。同様に，最寄り駅まで行く道のりにも段差があり，駅にはエレベーターが設置されていませんでした。そのため，改札口までは行けますが，車いすを利用する者はプラットホームまで行くことができない構造になっていました。

　当然，老人ホーム内はバリアフリーでした。しかし，老人ホームの周辺はバリアフリーではなく，バリア「アリー」でした。2006（平成18）年に「高齢者，障害者等の移動等の円滑化の促進に関する法律」（バリアフリー法）が施行され，建築物と公共交通機関のバリアフリー施策が一体的に推進されることになりました。あれから約20年が経過して，老人ホームの周辺もバリアフリーになっています。せっかくのバリアフリーの立派な老人ホームが開設されてもその周辺がバリア「アリー」では外出も買い物もできません。バリア（障壁）の除去は高齢者や障害者だけではなく，けが人や妊婦，子育て中でベビーカーを利用している人たちにとっても重要なことです。誰もが暮らしやすいまちづくりを目指していきたいものです。

第10章

高齢者の住まいを保障するための法制度

　本章では，高齢者の住まいをめぐる取り組みについて，その動向と今日的課題を述べる。まず，高齢者にとって住まいがもつ意味を確認する。そして，わが国の住まいをめぐる取り組みとして，戦後における住宅政策と社会保障・社会福祉に関する法制度を関連づけながら，特に，高齢者居住をめぐる動向を振り返る。次に，近年において推進されている地域包括ケアシステムの構築に向けて，住まいをめぐる法制度に焦点を当てる。最後に，高齢者が地域での生活を送るための居住支援の必要性と今日的課題について言及する。

1　高齢者の生活と住まい

　一般に，「虚弱」「貧困」「孤独」といった問題に直面しやすい高齢者にとって，「誰と，どこで，どのように」住むかは日常の生活に影響する重要なテーマである。

　総務省の人口推計によると，2020（令和2）年10月1日現在，わが国の総人口は約1億2571万人で，そのうち65歳以上人口は約3619万人，総人口に占める割合（高齢化率）は28.8％に達している。また，65歳以上の者のいる世帯についてみると，2019（令和元）年現在，世帯数は2558万4000世帯と全世帯（5178万5000世帯）の49.4％を占め，その割合は年々増加傾向にある。高齢者人口や高齢者世帯数が増えている現状を踏まえると，多くの高齢者にとって，在宅生活の基盤である住まいの重要性がより高まっていることがわかる。[1]

　そのような中で，消費者庁による「厚生労働省『人口動態調査』過去10年間

（平成19年～平成28年調査）及び東京消防庁『救急搬送データ』（平成28年調査）の分析」によると，毎年約３万人の高齢者が「不慮の事故」で死亡しており，そのうち，特に「誤嚥等の不慮の窒息」「転倒・転落」「不慮の溺死及び溺水」は「交通事故」より死亡者数が多くなっている。また，「転倒・転落」「溺れる」による事故を発生場所別にみると，いずれも「住宅等居住場所」が最も多く，「溺れる」による事故は「住宅等居住場所」が９割以上を占め，「転倒・転落」による事故は約６割に達している。さらに，「転倒・転落」による事故は家庭内の「居室」「階段」「廊下」「玄関」「ベッド」などで，「溺れる」による事故は92.3％（535件中494件）が「住居等居住場所」における「浴槽」で事故が発生しており，高齢者の在宅における事故や死亡に，住宅の構造や住宅内の環境（家具の配置，照明，床面の素材など），住宅内における日常生活上の移動ルート（居間，台所，浴室などの間の移動に伴う軌跡）としての生活動線が少なからず関連していることがわかる。

　このような住まいの物理的，空間的な問題に加えて，家族による老親の扶養意識や介護能力が低下している傾向にあって，要介護状態にある高齢者が家族支援のみで在宅生活を確保することは難しい状況が生じている。また，低い居住水準，住宅の老朽化，あるいは立ち退き，建て替え，民間賃貸住宅市場における入居差別などによって，安全で安心な暮らしを守る居住権が脅かされているような実態もある。これらに加えて，在宅から施設へ生活の場を移したり，転居することは，高齢者にとって，「生活環境の変化への不安」「既存のコミュニティの喪失」「転居時の労力」などのリスクを伴うことから，住環境の変化が心身を害する影響（リロケーション・ダメージ）をもたらすことも問題となっている。

　こうした現状にあって，特に高齢者が安心して住まいを確保できる仕組みや，住宅内事故の原因を取り除くバリアフリー化への支援，高齢化に応じた住み替えなど，住み慣れた地域でできるだけ住み続けるための支援体制が求められている。

2　高齢者の住まいを取り巻く動向

（1）住まいをめぐる取り組み

　わが国における住まいをめぐる取り組みについて，住宅を社会保障や社会福祉と関連づけてとらえる視点が乏しかったことはよく指摘されるところである。

　そのことを顕著に示しているのが第二次世界大戦の戦後復興期に示された「社会保障制度に関する勧告（1950年勧告）」である。この勧告では，社会保障が「社会保険」「国家扶助（公的扶助）」「公衆衛生および医療」「社会福祉」の4領域によって構成されるとしたもので，その構造は今日の社会保障制度の基本的な枠組みとなっている。住まいをめぐる取り組みとして，住宅供給などの方針を示す住宅政策もまた，同時期に確立したものの，上記に示された社会保障制度の範囲には含まれず，社会保障制度の関連施策として位置づけられるにとどまった。この勧告が出された1950（昭和25）年当時は，「福祉三法」（生活保護法，児童福祉法，身体障害者福祉法）がようやく確立された時期であり，社会福祉の対象もきわめて限定的なものであった。住宅についても，生活保護法における住宅扶助[(3)]の対象外となる人に対して公営住宅[(4)]を提供する必要性を述べるにとどまった。

　社会保障制度との関連において，住環境の整備を明確に求めたのは，「社会保障体制の再構築（勧告）――安心して暮らせる21世紀の社会をめざして（1995年勧告）」である。この勧告では，「住宅，まちづくりは従来，社会保障制度に密接に関連するとの視点が欠けていた」との反省に立ち，「雇用や住宅に関する施策のうち，失業者，高齢者，障害者等に対する生活保障のための施策は，社会保障制度を構成するものとして積極的に位置づけていく必要がある」と新たな関係性の構築が必要であるとしている。具体的には，住宅・まちづくりは社会保障・社会福祉の基盤であること，バリアフリー化の推進と公的助成の必要性，社会福祉サービスとの連携の必要性，居住環境整備の必要性などが言及された[(5)]。

　こうした住宅行政と福祉行政の近接は，「住宅建設計画法」（1966年）のもと

で計画的に実施されてきた「住宅建設五箇年計画」（5年ごとに公営，公庫，公団などによる住宅建設戸数目標を設定）においてもみることができる。1980年代以降は，在宅で福祉サービスを利用する高齢者を地域で支えるための施策の進展とともに住宅政策への関心が高まり，第5期（1986～1990年度）には高齢者等の居住への具体的配慮，医療・福祉との連携，第6期（1991～1995年度）には在宅福祉を念頭にした住宅建設が進められた。

　近年においては，「住宅建設計画法」に代わって，「住生活基本法」（2006年公布・施行）による「住生活基本計画」が進められている。同法では，良質な住宅供給，豊かな居住環境の形成，安定した居住の確保が目指されており，住宅政策の焦点として，住宅供給の“量”から“質”への転換をみることができる。特に，同法第6条「居住の安定の確保」では，「住生活の安定の確保及び向上の促進に関する施策の推進は，住宅が国民の健康で文化的な生活にとって不可欠な基盤であることにかんがみ，低額所得者，被災者，高齢者，子どもを育成する家庭その他住宅の確保に特に配慮を要する者の居住の安定の確保が図られることを旨として，行われなければならない」ことが規定されている。

　住生活基本法が成立した翌年の2007（平成19）年には，「住宅確保要配慮者に対する賃貸住宅の供給の促進に関する法律」（住宅セーフティネット法）が成立し，施行された。住宅の確保が困難な人々が増える一方，住宅セーフティネットの根幹である公営住宅の供給は限られ，今後もその増加が見込めない中で，新たなセーフティネット制度の導入は急務となっていた。現在，この法律は，生活保護法における住宅扶助や公営住宅法と並んで，住まいを保障する法制度の一つとなっている。

（2）高齢者の住まいをめぐる取り組み

　わが国では，1960年代頃から，高齢者のための住まいに関する具体的な施策がみられる。当時の取り組みのうち，建設行政によるものとして，老人世帯向け特定目的公営住宅（1964年），公営ペア住宅（1969年），高齢者同居世帯向け公営住宅（1972年）などが登場している。一方，福祉行政においては，1963（昭和38）年に老人福祉法が制定されたものの，高齢者のための住宅に関する視点

は盛り込まれなかった。ただし，その翌年の中央社会福祉審議会による「老人
福祉施策推進に関する意見（中間報告）」においては，「老人の心身の安定のた
めに，その特性を配慮した構造設備を持った居間・住宅を低廉な家賃で供給し，
あるいは，その建設に対して融資などの援助の措置を講ずることが必要」であ
ることが指摘されており，高齢者住宅整備資金の貸付（1972年）などが実施さ
れている[6]。

　1980〜1990年代になると，高齢者向け住宅施策が本格化した。1985（昭和60）
年の社会保障制度審議会（現在の社会保障審議会）では，「生活の基盤は住宅に
ある。高齢者の生活に適応した住宅が用意されなくてはいかに在宅サービスを
整備しても，真の福祉を実現することはできない。今日，高齢化社会への対応
という角度から住宅政策全体を再検討し，老人向けの多様な住宅対策を推進す
べき時期にきている」とされ，この翌年に出された長寿社会大綱では，高齢社
会にふさわしい社会システムの構築に向けて，居住環境整備が在宅福祉サービ
スを支える柱として重要であることが示された。この流れは，先述した1995年
勧告において，住環境を社会保障・社会福祉の根幹をなすものとしてとらえる
視点へとつながっている。

　実際，この時期には，高齢者が在宅で生活できるように配慮した様々な取り
組みが展開されている。この時期の代表的な施策として，住宅行政と福祉行政
との連携によって，高齢者の生活特性に配慮してバリアフリー化された公営住
宅と日常支援サービスを一体的に提供するシルバーハウジング・プロジェクト[7]
が開始されている。この他，建設行政においては，長寿社会対応住宅設計指針
（1995年）や新築公営・公団住宅における高齢者対応仕様（1991年）に基づいた
住宅の普及，シニア住宅（高齢者向けの集合住宅）の供給促進事業（1990年）な
どが行われ，これらにより，高齢者向け生活支援サービス付き住宅の供給が開
始された。加えて，福祉行政では，高齢者保健福祉推進10か年戦略（ゴールド
プラン）（1989年）で在宅福祉サービスの充実を図るために福祉機器・用具や住
宅整備の必要性を盛り込んだり，住宅リフォームヘルパー制度などが創設され
た（1993年）。

　2000年代以降は，介護保険制度（1997年公布，2000年施行）において，居宅支

援住宅改修費の支給や，有料老人ホーム，軽費老人ホーム（ケアハウス），養護老人ホームの入居者を対象とした特定施設入居者生活介護，「グループホーム」に入居する認知症高齢者のための認知症対応型共同生活介護などが給付対象となった。また，2001（平成13）年には「高齢者の居住の安定確保に関する法律」（高齢者住まい法）が公布・施行され，高齢者世帯の入居を拒まない賃貸住宅の登録・閲覧制度などが取り入れられた。同法に加えて，先に取り上げた「住宅確保要配慮者に対する賃貸住宅の供給の促進に関する法律」（住宅セーフティネット法）もまた住まいの確保や生活支援を必要とする高齢者にとっての重要な法制度となっている。

3　高齢者の住まいに関する法制度の概要

　近年，地域包括ケアシステムの構築が目指されている中で，高齢者の住まいの確保や地域で住み続けることを支援するための法制度が整備されつつある。

　地域包括ケアシステムは，団塊の世代が75歳以上となる2025年をめどに，重度な要介護状態となっても住み慣れた地域で自分らしい暮らしを人生の最後まで続けることができるよう，住まい・医療・介護・予防・生活支援が一体的に提供される仕組みである。[8]

　以下では，高齢者の地域生活を支える住まいをめぐる主要な法制度を取り上げ，特に，住まいの確保や地域で住み続けるための生活支援に向けて，どのような仕組みが整えられているのかを説明する。

（1）高齢者の居住の安定確保に関する法律

　「高齢者の居住の安定確保に関する法律」（高齢者住まい法）（2001年の公布・施行）は，高齢者が日常生活において必要な福祉サービスを利用しながら安心して地域で過ごせるようにすることを目指して，その取り組みにおける国や地方公共団体の責務を規定するものである。本法において，その目的は，「高齢者が日常生活を営むために必要な福祉サービスの提供を受けることができる良好な居住環境を備えた高齢者向けの賃貸住宅等の登録制度を設けるとともに，良

好な居住環境を備えた高齢者向けの賃貸住宅の供給を促進するための措置を講じ，併せて高齢者に適した良好な居住環境が確保され高齢者が安定的に居住することができる賃貸住宅について終身建物賃貸借制度を設ける等の措置を講ずることにより，高齢者の居住の安定の確保を図り，もってその福祉の増進に寄与すること」とされている（第1条）。また，国及び地方公共団体は，その責務として，高齢者の居住の安定の確保を図るため，必要な施策の実施に努めなければならず（第2条），そのために，国土交通大臣及び厚生労働大臣は，高齢者の居住の安定の確保に関する基本的な方針を定めなければならないこと（第3条），都道府県は，基本方針に基づいて，都道府県の区域内における高齢者の居住の安定の確保に関する計画（高齢者居住安定確保計画）を定めることができること（第4条）が規定されている。

　この法律は2011（平成23）年に改正され，サービス付き高齢者向け住宅事業に関する制度が創設されている。サービス付き高齢者向け住宅とは，法改正以前の制度下で高齢者住宅として提供されていた高齢者専用賃貸住宅（高専賃），高齢者円滑入居賃貸住宅（高円賃），高齢者向け優良賃貸住宅（高優賃）が一本化されたものである。入居者の資格は60歳以上の高齢者，または要介護認定を受けた60歳未満の者とされており（第45条第3項及び同法施行規則第5条），現在では，日常生活においてある程度のことは自分でできるものの一人暮らしが不安な人にとって，住み替え先の選択肢の一つとなっている。

　また，サービス付き高齢者向け住宅事業とは，高齢者向けの賃貸住宅または老人福祉法に規定される有料老人ホームで，入居している高齢者に対して，状況把握サービス（入居者の心身の状況を把握し，その状況に応じた一時的な便宜を供与するサービス），生活相談サービス（入居者が日常生活を支障なく営むことができるようにするために入居者からの相談に応じ必要な助言を行うサービス），その他の日常生活を営むために必要な福祉サービスを提供する事業（第5条）である。

　この事業では登録制度が設けられており，バリアフリー化や居住者への生活支援の実施等で基準を満たす住宅について都道府県知事が行うこととなっており，5年ごとに更新を受けなければ，その期間の経過によってその効力を失うことが定められている（第5条，第7条及び「国土交通省・厚生労働省関係高齢者の

居住の安定の確保に関する法律施行規則」第8条）。これに加えて，登録事業者の業務や行政による指導監督についても規定されており，たとえば，登録事業者は登録事項を公示しなければならず（第16条），サービスの利用料金や内容など住宅に関する情報が事業者から開示されることで，居住者がニーズに合った住まいの選択を行えるような仕組みとなっている。この他，事務所や登録住宅への立入調査（第24条，第36条），業務に関する是正指示（第25条），登録基準不適合の場合の登録取り消し（第26条）などについても定められている。サービス付き高齢者向け住宅の登録状況は，2022（令和4）年2月末時点で，建物数が8063棟，住戸数が27万4704戸となっている。[(9)]

（2）住宅確保要配慮者に対する賃貸住宅の供給の促進に関する法律

「高齢者の居住の安定の確保に関する法律」に加えて，高齢者の住まいの確保や生活支援のための法律として，「住宅確保要配慮者に対する賃貸住宅の供給の促進に関する法律」（住宅セーフティネット法）（2007年公布・施行）がある。この法律は住宅の確保が難しい人々の住宅確保や入居後の生活を支援するために制定されたものである。近年，高齢者単身世帯が増加傾向にあり，高齢期の生活の場として住宅確保を必要とする高齢者が増えている中で，孤独死や家賃滞納などを理由に入居を拒否されるケースなどがある。そのような現状にあって，高齢者にとっても住宅セーフティネットとして重要な法律となっている。

　本法において，その目的は，「住生活基本法（平成18年法律第61号）の基本理念にのっとり，住宅確保要配慮者に対する賃貸住宅の供給の促進に関し，国土交通大臣による基本方針の策定，都道府県及び市町村による賃貸住宅供給促進計画の作成，住宅確保要配慮者の円滑な入居を促進するための賃貸住宅の登録制度等について定めることにより，住宅確保要配慮者に対する賃貸住宅の供給の促進に関する施策を総合的かつ効果的に推進し，もって国民生活の安定向上と社会福祉の増進に寄与すること」とされている（第1条）。

　法律名称にも含まれる「住宅確保要配慮者」とは，低額所得者，被災者，高齢者，障害者，子育て世帯（18歳未満の子どもがいる世帯），住宅の確保に特に配慮を要する者として国土交通省令で定める者（外国人，地方公共団体が供給促進

計画を定める者。たとえば，新婚世帯，児童養護施設退所者など）とされている（第2条）。

　この法律では，これら住宅確保要配慮者に対して，国及び地方公共団体は，賃貸住宅の供給を促進するために必要な施策の実施に努めなければならないこと（第3条）や，国土交通大臣は，住宅確保要配慮者に対する賃貸住宅の供給の促進についての基本的な方針を定めなければならないこと（第4条）などが定められている。これらに加えて，国及び地方公共団体は，住宅確保要配慮者に対する賃貸住宅の供給を促進するため，公的賃貸住宅の供給や民間賃貸住宅に円滑に入居できるように必要な施策を実施することや，民間賃貸住宅を賃貸する事業を行う者は施策に協力することなどが規定されている（第53～57条）。

　さらに，住宅確保要配慮者が民間賃貸住宅への入居に際して必要な情報を得たり，相談サービスを利用するなどによって円滑な入居の促進等を図るため，地方公共団体，不動産関係団体，居住支援団体等（居住支援法人等）が必要な取り組みについて協議するため，住宅確保要配慮者居住支援協議会を組織することができる（第51条，第52条）としており，住まいの確保や入居後の生活支援を通して，居住支援を推進する仕組みづくりを目指すものとなっている。2021（令和3）年1月末時点で，居住支援協議会は全都道府県（56市町村）に103協議会が設立されている。

　本法は，2017（平成29）年に改正され，住宅確保を必要とする人々の増加や，低家賃の住宅の不足，民間の空家・空き室の増加，連帯保証人や緊急時の連絡体制の必要性，住宅確保要配慮者への生活支援の高まりなどを背景として，住宅セーフティネット制度の見直しが図られた。具体的には，民間の空家・空き室を活用して賃貸住宅供給を促進していくことや，住宅確保要配慮者向け賃貸住宅の登録制度の創設，都道府県等による登録住宅の情報開示及び指導監督，国・地方公共団体等による登録住宅の改修・入居への経済的支援，居住支援協議会による支援の強化，都道府県による居住支援法人の指定などが新たに加えられている。

4　高齢者のための居住支援における課題

　今後，高齢化のさらなる進展が見込まれる中，老後の生活保障の一環として，高齢者が地域で安心して住まいを確保し，そこで生活するための支援が求められている。

　2018（平成30）年度内閣府「高齢者の住宅と生活環境に関する意識調査」によれば，身体が虚弱化したときに住みたい住宅については，「現在の住居に，とくに改修などはせずそのまま住み続けたい」（28.7％）と「現在の住宅を改修し住みやすくする」（27.4％）が上位となっており，高齢期に住み慣れた自宅で住み続けることを希望している高齢者が半数を超えている。特に，「現在の住居に，とくに改修などはせずそのまま住み続けたい」は男女とも年齢が上がるほど高く，80代では男性は4割強（41.8％），女性で3割半（35.7％）を占めている。

　また，現在の住宅について困っていることについては，「住まいが古くなりいたんでいる」が14.1％で最も多く，「住宅の構造（段差や階段など）や造りが高齢者には使いにくい」（8.3％），「住宅が広すぎて管理がたいへん」（7.9％）などが上位に並んだ。さらに，住居形態別でみると，賃貸住宅の場合は「台所，便所，浴室などの設備が使いにくい」「家賃，税金，住宅維持費など住宅に関する経済的負担が重い」「住宅が狭い」がそれぞれ10％前後と持家の場合より各7〜8ポイント高い割合となっており，家屋について老朽化，構造や設備，金銭的負担などに関する問題を抱えていることがわかる。

　さらに，これら現在の住居で何らかの困っていることの解決方法については，「リフォーム」が37.0％と最も多く，「現世帯員ごと新しい住居への住み替え」（6.8％），「子，孫，その他の親族との同居」（5.8％），「介護サービスの利用（ヘルパーの利用や入浴介助など）」（5.7％），「サービス付き高齢者向け住宅への入居」（4.6％），「介護施設への入居」（4.4％）と続く一方で，「分からない」と回答した人が21.7％を占めており，リフォームによる住宅改修，転居や高齢者住宅や施設への住み替えに対するにニーズとともに，高齢者の住まいへの支援に

ついての情報提供を必要としている人があることが読み取れる[11]。

　以上に加えて，先に取り上げたサービス付き高齢者住宅の現状に目を向けると，地域によって供給にばらつきがあり，各地域の高齢者人口に見合った供給量が必要となっている。また，供給されている住戸については，サービス付き高齢者向け住宅の登録基準において，各居住部分の床面積は原則25m^{2}以上と定められているが，居間，食堂，台所その他の実際に居住している部分が高齢者が共同して利用するため十分な面積を有する場合は18m^{2}以上とすることができるとされており，2020（令和2）年8月現在，居住部分の床面積が25m^{2}未満が77.9％となっている[12]。また，入居者の状況については，自立高齢者が少なく，要介護3以上の高齢者が約3割を占めており，入居者の介護の重度化に応じた支援体制が重要な課題となっている[13]。

　また，新たな住宅セーフティネットについては，賃貸人の一定割合は住宅確保要配慮者の入居に拒否感を有しており，家賃の支払いに対する不安等が入居制限の理由となっている。特に，賃貸人の約8割が高齢者の入居について拒否感を示しており，11.4％が高齢者のみ世帯の入居は不可として，法制度が十分に機能していない現状が報告されている[14]。

　先に述べた通り，地域包括ケアシステムの構築に向けては，"住まい"がその仕組みを支える一要素と位置づけられている。しかし，それは所与のものではなく，近年における住まいにかかわる法制度のもとで，高齢者の居住の安定を図るための基盤整備が進められているところである。そこでは，高齢者が住み慣れた地域で生活を継続できるように，住まいのバリアフリー化，住まいの確保と生活支援によるトータルな支援体制，民間活力を導入した住宅供給などを柱とした取り組みが展開されている。今後，高齢者の住まいをめぐる実態やニーズを見据えながら，各種法制度の内容や運用について，またそれに基づく施策やサービスの進捗状況，その成果などについて検証を重ねていく必要があろう。高齢者が個々の生活状況や心身状況等に応じて，住まいを確保し，適切な支援のもとで安心して地域生活を送ることができるような住宅セーフティネットの機能向上と居住支援のための体制づくりに向けた取り組みがさらに求められる。

注

(1)　内閣府『令和 3 年版高齢社会白書』（https://www8.cao.go.jp/kourei/whitepaper/w-2021/html/zenbun/s1_1_3.html　2022年 1 月 8 日閲覧）。

(2)　消費者庁（2018）「高齢者の事故の状況について──『人口動態調査』調査票情報及び『救急搬送データ』分析」（https://www.caa.go.jp/policies/policy/consumer_safety/caution/caution_009/pdf/caution_009_180912_0002.pdf　2022年 1 月23日閲覧）。

(3)　生活保護制度で定められている 8 種類の扶助の一つ。困窮のため最低限度の生活を維持することのできない者に対して，定められた範囲内で現金で給付される。家賃，間代，地代，補修費等住宅維持費などが住宅扶助から支給される。

(4)　1950年に成立した公営住宅法に基づく低所得層向けの公的な住宅。日本国憲法第25条に定める「健康で文化的な最低限度の生活を営む権利」の趣旨にのっとり，国の補助により，地方公共団体が住宅に困窮する低所得者に対し低廉な家賃で供給する住宅として位置づけられている。

(5)　総理府社会保障制度審議会事務局監修（1995）「安心して暮らせる21世紀の社会をめざして」。

(6)　社会保障研究所編（1990）『住宅政策と社会保障』東京大学出版会，42〜43頁。

(7)　高齢者，障害者の生活特性に配慮しバリアフリー化された公営住宅等と，LSA（ライフサポートアドバイザー（生活援助員））による生活相談・緊急時対応等のサービスを併せて提供する。1987年にLSA常駐型の事業が開始され，1993年に福祉施設連携型による事業へと拡充し，1996年には事業がさらに拡充し，その対象に障害者世帯が追加された。

(8)　地域包括ケアにおいては，高齢者の他にも，障害者，在宅療養を必要とする成人，小児の難病患者なども対象として含まれているが，一般に高齢者を対象に言及されることが多い。

(9)　国土交通省「サービス付き高齢者向け住宅について──制度の概要」（https://www.koreisha.jp/service/dl/satsuki_1-1.pdf　2022年 1 月23日閲覧）。

(10)　国土交通省「新たな住宅セーフティネット制度における居住支援について」（https://www.mhlw.go.jp/content/12300000/000750359.pdf　2022年 1 月22日閲覧）。

(11)　内閣府「平成30年度 高齢者の住宅と生活環境に関する調査結果」（https://www8.cao.go.jp/kourei/ishiki/h30/zentai/index.html　2022年 1 月25日閲覧）。

(12)　一般社団法人高齢者住宅協会「サービス付き高齢者向け住宅の現状と分析（R3.12月末）」（https://kosenchin.jp/kosenchinDefault/2_2022_03_03/genjyoutobunseki2112.pdf　2022年 4 月30日閲覧）。

(13)　(9)と同じ。

(14)　(10)と同じ。

学習課題

① あなたの住むまちには，高齢期の生活の場として，自宅以外にどのような住宅や
　施設があるのかを調べ，それぞれの特徴を整理してみよう。

② あなたの住む自治体のホームページを閲覧し，高齢者の居住の安定を図るための
　制度や住まいに関するサービスがどのように紹介されているか，具体的に調べてみ
　よう。

～ コラム　高齢者にとって安心な住まいの確保と生活支援 ～

　2014（平成26）年，厚生労働省による「低所得高齢者等住まい・生活支援モデル事業」がスタートした。この事業は，自立した生活を送ることが困難な低所得・低資産高齢者を対象としたもので，社会福祉法人やNPO法人等が地域において連携・協働し，ネットワークを構築することを通して，空家・空き室等を活用した住まいの確保を支援するとともに，日常的な相談等（生活支援）や見守りを行い，高齢者が住み慣れた地域での暮らしを安心して継続できるようにするための体制を整備する取り組みに助成するものである。実施主体は市区町村（社会福祉法人，NPO法人等への委託が可能）で，事業開始以降，全国15自治体で事業が実施されてきた。

　その一例として，京都市では，社会福祉法人が不動産業者と連携して住まいの確保と入居後の生活支援を一体的に行う「京都市高齢者すまい・生活支援モデル事業」が行われてきた。この事業では，京都市居住支援協議会（京都市すこやか住宅ネット）における関係機関（不動産団体，福祉団体，京都市住宅部局・福祉部局及び京都市住宅供給公社）が連携し，京都市老人福祉施設協議会に加盟する8法人が5行政区で活動を展開した。具体的な事業内容としては，それぞれのエリアごとで，本人，社会福祉法人，高齢者を拒まない住宅として登録している不動産業者（家主）の三者が面談を行い，お互いの信頼関係のもとで空き部屋をマッチングする取り組みが実施された。加えて，住み替え後には，社会福祉法人による見守りサービスが提供された。また，事業全体としては，毎月作業部会が開かれ，事業の実施状況の確認や内容の検討などが行われてきた。事業の成果として，2014（平成26）年11月から2016（平成28）年3月末現在まで，25名が住み替えを実現したことが報告されている。2020（令和2）年時点で，実施事業区は7行政区に拡大され，事業は継続展開されている。

　2017（平成29）年度以降，「低所得高齢者等住まい・生活支援モデル事業」は採択されておらず，地域支援事業の一つである「高齢者の安心な住まいの確保に資する事業」などを通して，支援内容をより明確にするかたちで，事業を拡充して展開されている。各自治体における社会資源を活かした多様な事例には，地域の社会資源を活かした居住支援のあり方とその意義を見出すことができる。

　　参考：厚生労働省（2020）第1回住まい支援の連携強化のための連絡協議会「厚生労働省説明資料」
　　　　（https://www.mhlw.go.jp/content/12201000/000656690.pdf　2022年2月23日閲覧）。

第11章

高齢者と家族の雇用を支えるための法制度

本章では，高齢者とその家族に焦点を当て，雇用環境について概括し，彼らの雇用を支える法制度である「高年齢者雇用安定法」と「育児・介護休業法」の概要について確認する。さらに本章では，高齢者及び家族のそれぞれの視点にたち，雇用対策を展開するうえでの課題について取り上げる。

1　高齢者と家族の雇用環境を取り巻く現状

（1）高齢者の雇用環境

現在の高齢者は10～20年前と比べて，5～10歳の若返り現象がみられることから，2017（平成29）年に日本老年学会と日本老年医学会が高齢者の定義を75歳以上に見直すよう提言を行っている。また2018（平成30）年に閣議決定された高齢社会対策大綱においても，高齢者は「就業・地域活動など何らかの形で社会との関わりを持つことについての意欲も高い。65歳以上を一律に『高齢者』と見る一般的な傾向は，現状に照らせばもはや，現実的なものではなくなりつつある」と記されている。[1]このように，従来の高齢者像は，高齢者＝弱者という見方もみられたが，今日においては従来と異なる新しい高齢者像をもつことが求められている。

実際，高齢者の就労状況について目を向けてみると，65歳以上の労働力人口は，1970（昭和45）年では231万人であったのが，2020（令和2）年に922万人と約4倍に増加している（図11-1）。また高齢者の就労意欲についても，現在収入のある仕事をしている60歳以上の者の約4割が「働けるうちはいつまでも」

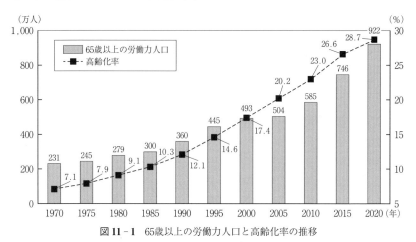

図11-1　65歳以上の労働力人口と高齢化率の推移

注：労働力人口とは，15歳以上人口のうち，就業者と完全失業者を合わせた人口を指す。

出所：総務省「労働力調査　長期時系列データ」及び国立社会保障人口問題研究所「人口統計資料集2021」より筆者作成。

働きたいと回答しており，これに「75歳くらいまで」働きたいと「80歳くらいまで」働きたいを加えると，その数は約6.5割となる[(2)]。

　働く高齢者が増えるということについては，高齢者にとって生きがいが得られ，自身の健康につながるといったメリットもある。また社会全体としては少子高齢化の進展により，生産年齢人口が減少し，労働力の減少が見込まれることから，高齢者による労働市場への参加に大きな期待が寄せられている。この他に，少子高齢化の問題は社会保障財政の観点からみるならば，支えられる側である高齢者が増え，支える側である生産年齢人口にあたる現役世代が減少する現象である。このため，長く働き続ける高齢者が増えることで，高齢者が「支えられる側」から「支える側」に回ることができ，社会保障財政の支え手を増やすことにつながると期待されている。

　このように高齢者の労働市場への参加については，社会的にも期待が寄せられているところであるが，一方で高齢者が働く労働環境についても目を向けなければならない。この点について，高齢者における労働災害の発生状況についてみると，60代後半の労働災害の発生率は20代後半と比べ，男性で2.0倍，女性で4.9倍となり，若年者と比べ，転倒，墜落の発生が多い傾向にあることが

報告されている⁽³⁾。

　2016（平成28）年版『厚生労働白書』では，人口高齢化を乗り越える視点として，「働く意欲のある高齢者が，長年培ってきた知識や経験を生かし，年齢に関わりなく活躍し続けることができる『生涯現役社会』を実現することがますます重要になっている」としている⁽⁴⁾。こうした生涯現役社会を実現させるためには，高齢者が安心して健康的に働くことのできる環境を整備していくことが，その前提として求められている。

（2）家族の雇用環境

　高齢化に伴い，要介護状態及び要支援状態にある高齢者は，2000（平成12）年度末時点で約256万人であったのが⁽⁵⁾，2020（令和2）年度末には約680万人となり⁽⁶⁾，約2.7倍に増えている。そうした中で，家族の介護をしながら働く者も近年，増加傾向にある。総務省の「就業構造基本調査」によると，介護をしている有業者は2012（平成24）年において約291万人⁽⁷⁾，2017（平成29）年では約346万人⁽⁸⁾となっている。また，家族の介護をしながらも働く者の年齢構成をみると，55〜59歳が21.3％で最も多く，次いで50〜54歳が17.9％となっており，50歳台が多いことがわかる⁽⁹⁾。

　一方で，介護と仕事の両立が困難となって，家族の介護を理由に仕事を辞める介護離職の問題も近年，注目されている。この介護離職については，2007（平成19）年に約14.5万人，2012（平成24）年に約10.1万人，2017（平成29）年に約9.9万人と，毎年10万人前後の数で推移していることが知られている⁽¹⁰⁾（図11-2）。そして介護離職に至った理由としては，「自分以外に介護をする人がいなかった」や「仕事と介護の両立に精神的・体力的限界を感じた」といった意見が多く，「これ以上会社にいると迷惑がかかると思った」「職場で両立の理解が得られなかった」といった意見もみられることが報告されている⁽¹¹⁾。

　こうした介護離職の問題は，少子高齢化により労働力人口の減少が見込まれる中で，労働力不足の問題を深刻化させる一つの要因となり得る。また離職に至った個人の生活についても，離職することにより，経済的な基盤を失うなど，大きな影響を与えることになる。実際に，介護を理由に仕事を辞めた者の生活

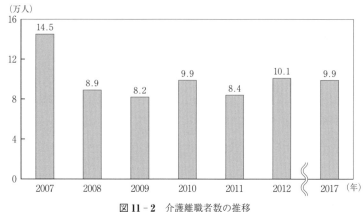

図11‑2　介護離職者数の推移

出所：総務省「平成24年就業構造基本調査」及び「平成29年就業構造基本調査」より筆者作成。

変化をみた調査では，経済的負担が増した者が約7割，精神的・肉体的負担が増した者も約5割強いることが報告されている。⑿

2　高齢者と家族の雇用にかかわる法制度

（1）高年齢者雇用安定法

　これまでみてきた通り，わが国では近年，少子高齢化が進む中で高齢者が意欲と能力がある限り年齢にかかわりなく働くことができる社会を実現することが求められている。高年齢者等の雇用の安定等に関する法律（高年齢者雇用安定法）は，高齢者が働き続けることができる環境を整備するために1971（昭和46）年に制定された。この法律は当初，「中高年齢者等の雇用の促進に関する特別措置法」という名称で制定されたが，1986（昭和61）年に現在の名称に変更されている。

　この法律における高年齢者とは，55歳以上の者をいう（同法施行規則第1条）。また，この法律では，45歳以上の者を中高年齢者として定めている（同法施行規則第2条）。

　従来，わが国では55歳を定年とする企業が多かった。そうした中，1994（平成6）年に高年齢者雇用安定法が改正され，60歳未満の定年が原則禁止となっ

た。そして2004（平成16）年の改正においては，高年齢者の65歳までの安定した雇用を確保するために，①定年を65歳まで延長，②65歳以上の継続雇用制度導入，③定年制の廃止のいずれかを事業主が選択することを求める雇用確保措置を義務づけた。その後，2012（平成24）年の改正を経て，2020（令和2）年の改正では事業主に対して，雇用確保措置に加え，65歳から70歳までの雇用もしくは就業の確保を図るため，高齢者就業確保措置を努力義務化した（同法第10条の2第1項）。就業確保措置とは具体的に，①定年を70歳に引き上げ，②定年制の廃止，③70歳まで継続雇用制度の導入，④70歳まで継続的に業務委託契約を締結する制度の導入，⑤70歳まで継続的に以下の事業に従事できる制度の導入（a.事業主が自ら実施する社会貢献事業，b.事業主が委託，出資（資金提供）等する団体が行う社会貢献事業）の①〜⑤のうち，いずれかの措置を講じることを求めるものである。今回の改正による65歳から70歳までの雇用もしくは就業の確保を図るための措置は，罰則規定のない努力義務規定にとどまるものであるが，今後，義務規定となることが期待される。

（2）育児・介護休業法

　育児・介護休業法は，正式名称を「育児休業，介護休業等育児又は家族介護を行う労働者の福祉に関する法律」という。この法律は，女性の社会進出，核家族化の進行，少子化に伴う労働力不足を背景に，1991（平成3）年に「育児休業等に関する法律」（育児休業法）として成立した。その後，高齢化の進行に伴い，介護ニーズの高まりを受け，1995（平成7）年に介護休業制度を盛り込んだ「育児休業等育児又は家族介護を行う労働者の福祉に関する法律」に改正し，1999（平成11）年に現在の名称となった。

　この法律は，育児休業及び介護休業に加え，看護休暇及び介護休暇に関する制度を規定しているが，ここでは介護休業及び介護休暇に関する規定についての概要を確認する。ここで示す介護休業とは，労働者が要介護状態（負傷，疾病または身体上もしくは精神上の障害により，2週間以上の期間にわたり常時介護を必要とする状態）にある家族を介護するための休業を指す。また介護休暇は，労働者が要介護状態（負傷，疾病または身体上もしくは精神上の障害により，2週間以

上の期間にわたり常時介護を必要とする状態）にある家族の介護や世話をするための休暇を指す。[14]

　介護休業は，対象家族１人につき，３回まで通算93日まで休業することができる。また一定の条件を満たせば，雇用保険から介護休業開始前の賃金の67％にあたる介護休業給付金を受給することができる。

　介護休暇は，対象家族が１人の場合は１年度に５日まで，対象家族が２人以上の場合は10日まで取得ができ，時間単位での取得も可能である。なお，介護休暇については，雇用保険からの給付はなく，事業主による賃金の支払い義務もない。

3　高齢者と家族における雇用対策の課題

（1）高齢者における雇用対策の課題

　本章第１節では，高齢者の就労意欲が高いことをみた。高齢者が働く意欲をもち，長年培ってきた技術や経験を活かすことのできる社会を実現することは，高齢者個人にとっても，社会全体としてもたいへん望ましいものである。

　しかし高齢者と位置づけられている人々は決して一括りではとらえることができず，多様な人々が含まれている。一つの指標として，所得状況を取り上げてみても，高齢期は他の年代と比べ所得格差が大きいことが知られており，内閣府が行った調査によれば65歳以上の者の34％が経済的な意味で日々の暮らしに困ると回答していることが報告されている。[15][16]また健康寿命が延び，元気な高齢者が増えている状況にはあるが，健康格差という言葉があるように，高齢期における健康状態も個人差が大きい。つまり高齢者の就労意欲が高いといっても，生活に余裕がある中で生きがいを得るために働き続ける姿と，経済的な理由により，疾病や身体上の制限を抱えながらも働かざるを得ない状況に置かれた者とでは，そこで描かれる姿はまったく異なるものとなる。

　2020（令和２）年における65歳以上の者の労働力人口比率（人口に占める労働人口の割合）をみると25.5％となっており，65〜69歳でみても51.0％となっている。[17]こうした結果からもわかるように，わが国は働く意欲のある高齢者が活

躍し続けることができる社会を指す生涯現役社会を実現するにあたって，道半ばである。よって今後も，高齢者の就労及び社会参加を促進するための諸施策を充実させていくことが求められているといえる。しかし一方で，そうした諸施策が高齢者を一括りにして画一的にみるものであってはならない。一人ひとりの生活に目を向け，それぞれに合った形での就労及び社会参加を促すことが期待されている。

（2）家族における雇用対策の課題

　家族介護者の存在は，支援を必要とする高齢者の生活を支えるうえで重要である。しかし家族介護者は，介護者としての生活だけでなく，職業人としての役割や親としての役割，地域住民としての役割など，様々な役割を担っている。家族介護者が自己の生活や人生を犠牲にし，介護者としての役割だけに専念しなければならないという状況は，決して望ましいものとはいえない。そうした点からも，介護と仕事を両立することのできる社会を実現することは重要である。

　しかし，就業構造基本調査によると，介護をしながら働く雇用者の約9割が介護休業や介護休暇といった制度を利用しておらず，利用者は8.6％にとどまることが報告されている[18]。こうした介護休業や介護休暇が取得しづらい環境となっている理由については，様々な要因が考えられるが，自分の仕事を代わってくれる人がいないことや，利用しにくい雰囲気があることなどが挙げられる[19]。また介護休業や介護休暇が利用しにくい雰囲気の背景には，長時間労働の問題との関連も指摘することができる。よって，介護離職を抑制するためには，長時間労働の是正も含め，介護休業や介護休暇といった制度が利用しやすい職場環境を創り上げることが求められているといえよう。

　さらにこれに加え，介護と仕事を両立させるためには「介護」の側面からも状況を改善するための取り組みを考えなければならない。そしてこの点については，介護サービスをより利用しやすいものにしていくとともに，介護支援専門員等の支援者が利用者である高齢者だけでなく，家族にも目を向け，家族が介護を行いながら働き続けることができるよう，その生活を支援していく姿勢が求められているといえる。

注

(1)　内閣府（2018）「高齢社会対策大綱」。

(2)　内閣府（2021）『令和3年版高齢社会白書』。

(3)　厚生労働省（2020）「人生100年時代に向けた高年齢労働者の安全と健康に関する有識者会議報告書」。

(4)　厚生労働省（2016）『平成28年版　厚生労働白書』。

(5)　厚生労働省（2000）「介護保険事業状況報告（暫定）（平成13年3月）」。

(6)　厚生労働省（2021）「介護保険事業状況報告（令和3年3月暫定版）」。

(7)　総務省（2012）「就業構造基本調査」。

(8)　総務省（2017）「就業構造基本調査」。

(9)　(8)と同じ。

(10)　(8)と同じ。

(11)　内匠功（2016）「『介護離職ゼロ』をめざして」『生活福祉研究』92，48〜63頁。

(12)　NTTデータ経営研究所（2020）「仕事と介護の両立等に関する実態把握のための調査研究事業報告書」。

(13)　高年齢者就業確保措置における努力義務が課される対象事業主は，以下の通りである。①定年を65歳以上70歳未満に定めている事業主，②65歳までの継続雇用制度（70歳以上まで引き続き雇用する制度を除く）を導入している事業主。

(14)　育児休業等育児又は家族介護を行う労働者の福祉に関する法律における要介護状態とは，負傷，疾病または身体上もしくは精神上の障害により，2週間以上の期間にわたり常時介護を必要とする状態のことをいい，要介護認定を必ずしも必要とはしない。またここで示す家族の範囲は，配偶者（事実婚を含む），父母，子，配偶者の父母，祖父母，兄弟姉妹，孫が該当する。

(15)　内閣府（2013）『平成25年版高齢社会白書』。

(16)　内閣府（2020）「第9回高齢者の生活と意識に関する国際比較調査」。

(17)　総務省（2020）「労働力調査（基本集計）」。

(18)　(8)と同じ。

(19)　(8)と同じ。

学習課題

①　企業が行う雇用確保措置（高年齢者雇用安定法第9条）や就業確保措置（高年齢者雇用安定法第10条の2）の具体的対応について調べ，それぞれの長所と短所について考えてみよう。

②　新聞記事などを活用して，介護離職に関する事例を読み，家族や介護者が置かれている状況について具体的に考えてみよう。

～コラム　介護離職によって生じる生活上の課題～

　介護離職の問題は，離職した個人の生活に大きな影響を及ぼすことになる。介護離職に陥った場合，収入が途絶えるため，経済的に行き詰まる可能性が出てくることについては，すでに触れた通りであるが，離職に至らなかったとしても，介護と仕事を両立できる職場に転職した結果，正社員の立場での就労をあきらめざるを得なくなったりして，収入が大幅に落ち込むケースがある。明治安田生活福祉研究所とダイヤ高齢社会研究財団が実施した，親を介護した経験のある全国の正社員を対象とした「介護と仕事の両立と介護離職に関する調査」によると，転職前後の平均年収を比較すると，男性は557万円から342万円と４割減少し，女性は350万円から175万円と５割減少していることが報告されている。このように介護離職の問題は，転職をしたとしても厳しい状況に置かれる可能性がある。

　一方で，介護離職により，経済的に厳しい状況に置かれた場合，その問題が思わぬところに派生する場合もある。たとえば，その一つに虐待の問題が挙げられる。この関連について具体的にみるならば，家族介護者が介護サービスを利用する場合，介護保険法を利用することが一般的であるが，この制度は応益負担方式を採用しており，介護サービスの利用が増えることにより，利用者（家族）の自己負担は増える仕組みとなっている。つまり，介護離職等により経済的問題を抱えることになると，十分な介護サービスを利用することができず，家族介護者だけが介護を抱え込まざるを得ない状態に陥る可能性も出てくる。そうなると，家族介護者の介護負担が増し，虐待が発生するリスクが高まることが危惧される。

　またこうした経済的な問題については，親の介護を終わった後においても，介護者であった家族における老後の生活に影響を及ぼすこととなる。このように介護離職の問題は，高齢者及び家族介護者の生命や人生に大きな影響を及ぼす事象であるといえる。

　近年，少子化の進展や生涯未婚率の上昇により，兄弟もなく，配偶者もいないことから一人で親の介護を担わなければならない「シングル介護」の状態に置かれる人が増えている。このように家族規模の縮小とともに，家族機能の脆弱化が進み，介護離職に陥るリスクの高い家族が増えている。介護離職における対応への重要性は，よりいっそう高まるといえよう。

参考：力石啓史（2015）「仕事と介護の両立と介護離職に関する調査結果」『生活福祉研究』89，17～27頁。

第Ⅲ部

高齢者と家族を支える
支援体制の実際

第12章

高齢者と家族を支える関係機関

　高齢者と家族を支える担い手は多種多様であり，行政，民間，非営利団体などの組織・団体が，直接的または間接的にかかわっている。本章では，介護保険法，老人福祉法，その他の関連法にかかわる関係機関について概観していく。具体的には，各種制度の枠組みづくりや事業の円滑な運営を担う行政機関，様々な介護サービスを利用者に提供する指定居宅サービス事業者，地域包括ケアの拠点でもある地域包括支援センター，各種社会保障制度の運用をサポートする国民健康保険団体連合会（国保連），高齢者の雇用や生きがいを支えるハローワーク，シルバー人材センターについて解説する。

1　介護保険法の関係機関

（1）行政機関の役割

　介護保険における行政機関の役割は，介護保険事業が円滑に実施されるよう，国，都道府県，市町村が重層的に支え合う構造となっている。2020（令和2）年6月に交付された，「地域共生社会の実現のための社会福祉法等の一部を改正する法律」によって介護保険法も一部改正となり，国及び地方公共団体の責務についても，「保険給付に係る保健医療サービス及び福祉サービスに関する施策等を包括的に推進するに当たっては，地域住民が相互に人格と個性を尊重し合いながら，参加し，共生する地域社会の実現に資するよう努めなければならない」（第5条の4）とされた。つまり，地域の生活課題の解決に向けた包括的な支援体制づくりや，地域特性に応じた施策，サービス提供体制の整備等に，

行政機関が責任をもって取り組むこととなった。以下に，国，都道府県，市町村の役割について示す。

　国は，政府として少子高齢社会の今後の見通しを立て，将来のあるべき姿をもとに社会設計を行うとともに，介護保険制度の方針や仕組みなどの枠組みを定めている。介護保険法第5条第1項に，「国は，介護保険事業の運営が健全かつ円滑に行われるよう保健医療サービス及び福祉サービスを提供する体制の確保に関する施策その他の必要な各般の措置を講じなければならない」としている。具体的には以下の事務を担う。①持続可能な介護保険制度の運営のための方針や全国一律の枠組みを定める。②介護保険制度の各種基準を定める（要介護・要支援認定，介護報酬，区分支給限度額，介護サービス事業の運営等に関する基準など）。③介護保険財政の安定化のための調整交付金や財政安定化基金への拠出。④介護保険事業運営のための都道府県や市町村への情報提供，助言，指導，監督。

　都道府県は，広域的な見地から域内のサービス提供体制を整え，保険者（市町村）への連絡調整や支援を行う。介護保険法第5条第2項に，「都道府県は，介護保険事業の運営が健全かつ円滑に行われるように，必要な助言及び適切な援助をしなければならない」としている。具体的には以下の事務を担う。①介護保険事業支援計画の策定（3年ごと）。②介護保険審査会の設置。③居宅・介護予防・施設サービス事業者の指定，更新，取り消し，指導，監督。④財政安定化基金の設置（原資は国・都道府県・市町村が3分の1ずつ負担）。⑤介護支援専門員の養成と資格管理。⑥介護サービス情報の公表。

　市町村は，介護保険制度運営の最前線として，直接的に地域住民と向き合う最も身近な行政機関である。介護保険法第3条第1項に，「市町村及び特別区は，この法律の定めるところにより，介護保険を行うものとする」とされており，介護保険制度の保険者として明確に位置づけられている。具体的には以下の事務を担う。①介護保険の運営に関する収支管理のための特別会計の設置。②被保険者の資格管理（被保険者証の交付，更新）。③介護保険事業計画の策定（3年ごと）。④介護認定審査会の設置。⑤第1号被保険者の保険料の設定と介護保険料の徴収，及び保険給付。⑥居宅介護支援，介護予防支援，地域密着型

サービス事業者の指定及び指導，監督。⑦地域支援事業，保健福祉事業の実施。

（2）指定サービス事業者の役割

　指定サービス事業者とは，介護保険法に基づいて都道府県または市町村の指定を受け，各種の介護サービスを提供する事業者である。指定基準には，①人員基準（従業者の知識・技能・人員に関する基準），②設備基準（事業所に必要な設備についての基準），③運営基準（利用者への説明やサービス提供の記録等，事業を実施するうえで求められる運営上の基準）があり，いずれも介護サービス事業の目的を達成するための，必要最低限度の基準とされている。

　指定居宅サービスにおける一般原則として，「指定居宅サービス等の事業の人員，設備及び運営に関する基準」の第3条第1項で「指定居宅サービス事業者は，利用者の意思及び人格を尊重して，常に利用者の立場に立ったサービスの提供に努めなければならない」と明記されており，利用者本位のサービス提供が必須である。また，同第2項では「指定居宅サービス事業者は，指定居宅サービスの事業を運営するに当たっては，地域との結び付きを重視し，市町村（特別区を含む。以下同じ。），他の居宅サービス事業者その他の保健医療サービス及び福祉サービスを提供する者との連携に努めなければならない」とされており，地域の多様性を理解し，それら個別の状況に応じて他機関との連携を図っていくことが求められている。さらに，事業者規制の一環として，事業の開設後も介護保険のルールを遵守し，適切な介護サービスが提供できているのかを定期的にチェックする仕組みとして，6年ごとに指定の更新を受けること⁽²⁾となっている。

　都道府県が指定をするものと市町村が指定をするものは，それぞれ表12-1の通りである。

　各種のサービス事業所については，「介護サービス情報公表システム⁽³⁾」で，介護保険法に基づく26種類54サービスが情報公開されている。公表情報は基本項目として，事業所の名称・所在地等，従業者に関するもの，提供サービスの内容，利用料等，法人情報がある。事業所運営にかかる各種取り組みとして，利用者の権利擁護の取り組み，サービスの質の確保への取り組み，相談・苦情

表12-1　事業者の指定事務等

都道府県が指定をするもの	市町村が指定をするもの
・指定居宅サービス事業者 ・指定介護予防サービス事業者 ・介護保険施設（介護老人福祉施設，介護老人保健施設，介護医療院） ＊介護老人保健施設は許可，介護療養型医療施設は2023年度で廃止予定	・指定居宅介護支援事業者 ・指定居宅介護予防支援事業者 ・指定地域密着型サービス事業者 ・指定地域密着型介護予防サービス事業者

出所：筆者作成。

等への対応，外部機関等との連携，事業運営・管理の体制，安全・衛生管理等の体制，その他（従業者の研修の状況等）がウェブサイト「介護サービス情報公表システム」で公表されている。なお，年間収入が100万円以下の事業所は公表の対象となっていない。

（3）地域包括支援センターの役割

　住み慣れた地域で満ち足りた人生を全うすることができるよう，住まい・医療・介護・予防・生活支援が一体的に提供される「地域包括ケアシステム」の中核を担うのが，「地域包括支援センター」である。介護保険法第115条の46第１項に，「地域住民の心身の健康の保持及び生活の安定のために必要な援助を行うことにより，その保健医療の向上及び福祉の増進を包括的に支援することを目的とする施設」と定義づけられている。

　地域包括支援センターでは３種の専門職（社会福祉士，主任介護支援専門員，保健師等）が，４つの業務（介護予防マネジメント，総合相談支援，権利擁護，包括的・継続的ケアマネジメント支援）にチームアプローチで取り組んでいる。介護予防マネジメントでは，要支援・要介護状態にならないよう（悪化しないよう）介護予防ケアプランの作成などのマネジメントを行い，総合相談支援では，複雑化・多様化する福祉ニーズにワンストップで制度横断的な支援を実施している。権利擁護では，成年後見制度の活用促進や消費者被害等の防止，高齢者虐待の早期発見と緊急対応に取り組み，包括的・継続的ケアマネジメント支援では，地域ケア会議等を通じた自立支援型ケアマネジメントの支援，担当圏域の

ケアマネジャーへの日常的な個別指導や相談，支援困難事例等への技術的な助言や指導を行っている。[6]

　このように，地域包括支援センターは，制度横断的な連携ネットワークを構築・活用して，担当圏域の課題解決に向けて包括的に取り組んでいく役割を担っている。

2　老人福祉法の関係機関

　介護サービスは，原則的に介護保険制度のもとで利用者と事業者間の契約によって提供されることになっているが，虐待や認知症等により意思疎通が困難で本人による契約行為が難しい場合には，老人福祉法による措置の枠組みで高齢者の権利・利益を守るようになっている。つまり，従来からある老人福祉法の措置制度と介護保険法における契約の仕組みが，相互補完的に機能しているわけである。

　老人福祉法の「老人居宅生活支援事業」として，老人居宅介護等事業，老人デイサービス事業，老人短期入所事業，小規模多機能型居宅介護事業，認知症対応型老人共同生活援助事業及び複合型サービス福祉事業がある。「老人居宅[7]介護等事業」では，訪問介護，夜間対応型訪問介護，定期巡回・随時対応型訪問介護看護等があり，「老人福祉施設」として，老人デイサービスセンター，[8]老人短期入所施設，養護老人ホーム，特別養護老人ホーム，軽費老人ホーム，老人福祉センター及び老人介護支援センターが各々位置づけられている。[9]

　老人福祉法では有料老人ホームについても規定しており，介護付有料老人[10]ホーム（一般型特定施設入居者生活介護，外部サービス利用型特定施設入居者生活介護），住宅型有料老人ホーム，健康型有料老人ホームの3つの類型がある。[11]

　また有料老人ホームの業界団体として，「公益社団法人全国有料老人ホーム協会」がある。この団体は，入居者の保護を目的として，事業者の倒産などか[12]ら入居者の返還金を保全するための「入居者生活保障制度」や，災害等による[13]不測の事態に協会に加盟するホームを支援する「入居者生活支援制度」，有料老人ホーム事業の質向上のための「苦情相談への対応」を行っている。

3　その他の関係機関

（1）国民健康保険団体連合会

　国民健康保険団体連合会（国保連）は，国民健康保険法第83条に基づいて各都道府県に１団体ずつ設置されている公法人である。各都道府県内の国民健康保険の保険者である，都道府県・市町村及び国民健康保険組合が共同して，国民健康保険関係業務やその他の業務を行っている[14]。

　介護保険法第176条には，国民健康保険団体連合会による介護保険事業関係業務が示されている[15]。具体的な内容としては，以下の通りである。①介護給付費等の請求に対する審査，支払い。②サービス事業者や施設等に対する必要な指導，助言及び苦情対応。③第三者に対する損害賠償金の徴収または収納の事務。④指定居宅サービス，指定地域密着型サービス，指定居宅介護支援，指定介護予防サービス及び指定地域密着型介護予防サービスの事業並びに介護保険施設の運営。⑤第三者行為求償事務（給付事由が第三者の行為によって生じた場合の市町村から委託を受けて行う損害賠償金の徴収または収納の事務）。

　このように，国民健康保険団体連合会は，国民健康保険制度のみならず，介護保険制度も含めた各種社会保障制度を円滑に運営するための支援を担っている[16]。

（2）ハローワーク

　ハローワークは，勤労権の保障を目的とした，厚生労働省が所管する公共職業安定所である。民間の職業紹介事業等では就職へ結びつけることが難しい就職困難者を中心に，雇用のセーフティネットとしての役割を担っている[17]。職業安定法第８条第１項に「公共職業安定所は，職業紹介，職業指導，雇用保険その他この法律の目的を達成するために必要な業務を行い，無料で公共に奉仕する機関とする」と定められており，職業紹介，雇用保険，雇用対策（企業指導・支援）の３つの業務を一体的に行っている。

　高齢者の雇用促進に関しては，2021（令和３）年４月から，「高年齢者等の雇

用の安定等に関する法律」を改正した改正高年齢者雇用安定法[18]が施行されている。少子高齢社会における社会経済活動を維持していくために，働く意欲がある高年齢者が活躍できる環境整備を図ることを目的としており，定年の引き上げ，継続雇用制度の導入等による高年齢者の安定した雇用の確保の促進，高年齢者等の再就職の促進，定年退職者その他の高年齢退職者に対する就業の機会の確保等に総合的に取り組むとしている。改正法では，65歳までの雇用確保が義務となり，70歳までの高年齢者就業確保措置が努力義務となっている。

　高齢者の雇用に関する助成制度の一つに，ハローワークが窓口の「特定求職者雇用開発助成金（生涯現役コース）[19]」がある。これは，雇入れ日の満年齢が65歳以上の離職者をハローワーク等の紹介により，1年以上継続して雇用することが確実な労働者（雇用保険の高年齢被保険者）として雇い入れる事業主に対して助成されるものである。

　一方で，高齢者を支える家族介護者のための制度として，2021（令和3）年6月に，「育児休業，介護休業等育児又は家族介護を行う労働者の福祉に関する法律」を改正した改正育児・介護休業法[20]が成立し，2022（令和4）年4月から段階的に施行されることとなった。有期雇用労働者の育児・介護休業の取得要件が緩和され，仕事と家庭を両立しやすい職場づくりを目的として，2週間以上の期間にわたり常時介護を必要とする状態にある対象家族の介護や世話をするための，介護休業，介護休暇制度が盛り込まれている。このうち，ハローワークでは介護休業給付に関する支給申請手続きの窓口を担っている。

　少子高齢社会における経済活動の活性化，及び生活と雇用の安定は重要な課題である。ハローワークは高齢者の経済的自立や，介護者が安心して仕事と介護を両立できるための窓口として機能している。

（3）シルバー人材センター

　シルバー人材センターとは，高年齢者雇用安定法に基づいて，都道府県の指定を受けた一般社団法人または一般財団法人である。目的は，定年退職者等を対象とした就労を通した生きがいの充実と地域貢献であり，2021（令和3）年3月末で1303団体（法人数）が設置されており，設置市区町村の人口でみると，

全国の人口の98％をカバーしている[21]。

　シルバー人材センターは，都道府県や市町村などの公共団体や，地域の家庭，企業等から請負や委任契約により仕事を受注している。会員として登録した高年齢者の中から適任者を選んで仕事を斡旋し，仕事の内容と就業実績に応じて配分金を支給している。業務内容は「臨時的かつ短期的なもの又はその他の軽易な業務[22]」とされており，一定の安定的な収入が得られる就労を斡旋する機関ではない（全国平均で月8～10日就業した場合，月額3～5万円程度[23]）。会員が就業する業務内容をみると，運搬・清掃・包装等が53.3％，建物や会館の管理・福祉的支援等のサービスが27.2％となっており[24]，介護保険制度との関連でいうと，福祉・家事援助サービス，介護予防・日常生活支援総合事業等の担い手として地域ニーズに応じた活動を行っている。

　格差社会における高齢者の経済問題は，度々取り上げられるトピックではあるが，シルバー人材センターが，高齢者自らのペースでかかわることができる，地域社会への参加・貢献の窓口という意味では大きな役割を担っている。

注
⑴　厚生労働省（2020）「『地域共生社会の実現のための社会福祉法等の一部を改正する法律』の公布について（通知）」（https://www.mhlw.go.jp/content/000640394.pdf　2022年1月29日閲覧）。
⑵　介護保険法第70条の2。
⑶　厚生労働省「介護事業所・生活関連情報検索　介護サービス情報公表システム」（https://www.kaigokensaku.mhlw.go.jp/　2022年1月29日閲覧）。
⑷　厚生労働省「公表されている介護サービスについて」（https://www.kaigokensaku.mhlw.go.jp/publish/　2022年1月29日閲覧）。
⑸　厚生労働省「地域包括ケアシステム」（https://www.mhlw.go.jp/stf/seisakunitsuite/bunya/hukushi_kaigo/kaigo_koureisha/chiiki-houkatsu/　2022年1月27日閲覧）。
⑹　厚生労働省「地域包括ケアセンターの概要」（https://www.mhlw.go.jp/content/12300000/000756893.pdf　2022年1月27日閲覧）。
⑺　老人福祉法第5条の2第1項。
⑻　老人福祉法第5条の2第2項。

⑼ 老人福祉法第5条の3。

⑽ 老人福祉法第29条。

⑾ 厚生労働省「有料老人ホームの類型」（https://www.mhlw.go.jp/file/06-Seisaku jouhou-12300000-Roukenkyoku/0000083169.pdf 2022年1月27日閲覧）。なお，介護付有料老人ホーム（一般型特定施設入居者生活介護），介護付有料老人ホーム（外部サービス利用型特定施設入居者生活介護），住宅型有料老人ホーム，健康型有料老人ホームの4つの類型として整理されることもある。

⑿ 全国有料老人ホーム協会「協会の概要」（https://www.yurokyo.or.jp/about.php 2022年1月27日閲覧）。

⒀ 全国有料老人ホーム協会「入居者生活保証制度のご案内」（https://www.yurokyo.or.jp/kakodata/about/pdf/fund_211210.pdf 2022年1月27日閲覧）。

⒁ 国民健康保険中央会「国保中央会のご紹介」（https://www.kokuho.or.jp/about/ 2022年1月27日閲覧）。

⒂ 国民健康保険中央会「業務のご案内」（https://www.kokuho.or.jp/about/lib/210 331_1124_gyoumuannai.pdf 2022年1月27日閲覧）。

⒃ その他，高齢者医療事業，健康保険事業，介護保険事業，障害者総合支援事業。

⒄ 厚生労働省「ハローワーク」（https://www.mhlw.go.jp/stf/seisakunitsuite/bun ya/koyou_roudou/koyou/hellowork.html 2022年1月29日閲覧）。

⒅ 厚生労働省「高年齢者雇用安定法改正の概要」（https://www.mhlw.go.jp/con tent/11600000/000694689.pdf 2022年1月29日閲覧）。

⒆ 厚生労働省「特定求職者雇用開発助成金（生涯現役コース）」（https://www.mhlw.go.jp/stf/seisakunitsuite/bunya/koyou_roudou/koyou/kyufukin/tokutei_kou nenrei.html 2022年1月29日閲覧）。

⒇ 厚生労働省「介護休業について」（https://www.mhlw.go.jp/seisakunitsuite/bunya/koyou_roudou/koyoukintou/ryouritsu/kaigo/closed/index.html 2022年1月27日閲覧）。

㉑ 全国シルバー人材センター事業協会（2021）「シルバー人材センター事業の概要2021」（http://www.zsjc.or.jp/pamph_pdf?id=16#view=FitV 2022年1月29日閲覧）4頁。

㉒ 高年齢者等の雇用の安定等に関する法律第37条第1項。

㉓ 全国シルバー人材センター事業協会「お仕事をしたい方Q&A」（http://www.zsjc.or.jp/join/join_01.html 2022年1月29日閲覧）。

㉔ ㉑と同じ，7頁。

参考文献

大和三重・岡田進一・斉藤雅茂編著（2020）『高齢者福祉』ミネルヴァ書房。

杉本敏夫・家髙将明編著（2018）『高齢者福祉論　第2版』ミネルヴァ書房。

学習課題

① 　自分が住んでいる市町村の介護保険事業計画をウェブサイト等で検索して，どのような理念や方針を掲げて計画を立てているのか調べてみよう。
② 　高齢者の権利擁護の観点から，直接的または間接的にかかわりをもつ各種の関係機関が配慮しなければならないことを具体的に考えてみよう。

第13章

高齢者と家族を支える専門職

　高齢，病気，障害などが原因で何らかの介護や支援が必要な高齢者を支援する際，様々な専門職や関連する機関が連携をとり支援にあたることがある。本章では，高齢者とその家族に対する支援に関係する様々な専門職について解説する。まず，福祉分野の専門職を整理し，その内容と従事者の専門性や役割について概説する。次に，保健・医療分野の専門職について整理し，その内容と従事者の専門性や役割について概説する。さらに，高齢者支援のチームアプローチについても説明する。

1　福祉分野の専門職の役割

（1）社会福祉士

　社会福祉士とは，「社会福祉士及び介護福祉士法」において，社会福祉士の名称を用いて，専門的知識及び技術をもって，身体上もしくは精神上の障害があることまたは環境上の理由により日常生活を営むのに支障がある者の福祉に関する相談に応じ，助言，指導，福祉サービスを提供する者または医師その他の保健医療サービスを提供する者その他の関係者との連絡及び調整その他の援助を行うことを業とする者をいうとされている（第2条第1項）。

　社会福祉士は，国家資格であるが，その資格保有者以外は業務を行ってはならない業務独占の資格ではなく，その資格をもたない者が，名称を勝手に使用してはならない名称独占の資格である。つまり，社会福祉士資格をもっていなければ，上記の業務につけないということではない。

　地域住民の保健医療の向上及び福祉の増進を包括的に支援することを目的としている地域包括支援センターには，原則として社会福祉士その他これに準ずる者（社会福祉に準ずる者とは，福祉事務所の現業員等の業務経験が5年以上または介護支援専門員の業務経験が3年以上あり，かつ，高齢者の保健福祉に関する相談援助業務に3年以上従事した経験を有する者をいう）を置くこととされている。また，介護保険施設である介護老人福祉施設では，生活相談員として従事している場合もあれば，福祉事務所などの行政機関で業務にあたっている場合もある。さらに，独立型の社会福祉士事務所をかまえ相談業務にあたっている場合もある。いずれにしても，困り事を抱えている人に対して問題解決に向けて相談に応じる専門職である。

（2）精神保健福祉士

　精神保健福祉士とは，「精神保健福祉士法」において，精神保健福祉士の名称を用いて，精神障害者の保健及び福祉に関する専門的知識及び技術をもって，精神科病院その他の医療施設において精神障害の医療を受け，または精神障害者の社会復帰の促進を図ることを目的とする施設を利用している者の地域相談支援の利用に関する相談その他の社会復帰に関する相談に応じ，助言，指導，日常生活への適応のために必要な訓練その他の援助を行うことを業とする者をいうとされている（第2条）。

　精神保健福祉士は，社会福祉士と同様に相談業務に従事している場合が多い。精神科病院や保健所，また，精神保健の向上及び精神障害者の福祉の増進を図るための機関である精神保健福祉センターなどに勤務し，問題を抱えている精神障害者などの問題解決に向けて相談に応じる専門職である。

（3）介護福祉士

　介護福祉士とは，「社会福祉士及び介護福祉士法」において，介護福祉士の名称を用いて，専門的知識及び技術をもって，身体上または精神上の障害があることにより日常生活を営むのに支障がある者につき心身の状況に応じた介護を行い，並びにその者及びその介護者に対して介護に関する指導を行うことを

業とする者をいうとされている（第2条第2項）。

　介護福祉士は，介護老人福祉施設などの入所施設で勤務するもの，訪問介護（ホームヘルプ）や通所介護（デイサービス）などの居宅サービス事業所で勤務するもの，また，障害者関連の施設や事業所等で勤務しているものなどである。

（4）介護支援専門員（ケアマネジャー）

　介護支援専門員とは，「介護保険法」において，厚生労働省令で定める実務の経験を有する者であって，都道府県知事が厚生労働省令で定めるところにより行う試験（介護支援専門員実務研修受講試験）に合格し，かつ，都道府県知事が厚生労働省令で定めるところにより行う研修（介護支援専門員実務研修）の課程を修了したものは，厚生労働省令で定めるところにより，当該都道府県知事の登録を受けることができるとされている（第69条の2）。

　保健・医療・福祉分野で経験を積んだ介護支援専門員の業務は，介護保険サービスを利用するものに対して，介護サービスの計画書（ケアプラン）の作成，計画の実施状況の確認（モニタリング），サービスの事業者との連絡調整などを行う専門職である。主に居宅介護支援事業所や介護保険施設などに配置されている。また，地域包括支援センターには，原則として主任介護支援専門員その他これに準ずる者（主任介護支援専門員に準ずる者とは，所定のケアマネジメントリーダー研修を修了し，介護支援専門員としての実務経験を有し，かつ，介護支援専門員の相談対応や地域の介護支援専門員への支援等に関する知識及び能力を有している者をいう）を置くこととされている。

（5）社会福祉主事

　社会福祉主事とは，「社会福祉法」において，都道府県の設置する福祉に関する事務所において，生活保護法，児童福祉法及び母子及び父子並びに寡婦福祉法に定める援護または育成の措置に関する事務を行うことを職務とするとされている（第18条第3項）。さらに，「市及び第1項に規定する町村の社会福祉主事は，市及び同項に規定する町村に設置する福祉に関する事務所において，生活保護法，児童福祉法，母子及び父子並びに寡婦福祉法，老人福祉法，身体

障害者福祉法及び知的障害者福祉法に定める援護，育成又は更生の措置に関する事務を行うことを職務とする」とされている（第18条第4項）。社会福祉主事は，都道府県，市及び福祉に関する事務所を設置する町村に必置とされている。

　社会福祉主事は，福祉事務所等において，社会福祉各法に定める援護，育成または更生の措置に関する業務に携わるケースワーカーとして働いている。また，社会福祉施設の施設長や生活相談員，社会福祉協議会の福祉活動専門員などにも従事している[1]。

（6）介護職員

　介護職員とは，入所系の介護施設や訪問系，通所系の事業所などで，幅広く介護の仕事に従事しているものを指す。業務独占ではないが，介護福祉士や介護職員初任者研修修了者などが従事している場合が多い。

（7）訪問介護員（ホームヘルパー）

　訪問介護員とは，在宅で生活している，介護が必要な人に対して，居宅を訪問し，食事，入浴，排せつ等の身体的介護や調理，洗濯，買い物等の援助を行うものをいう。介護職員同様，介護福祉士や介護職員初任者研修修了者などが従事している場合が多い。介護保険制度の訪問介護サービスのサービス提供においては，介護職員初任者研修や介護福祉士の資格を有している訪問介護員がサービスを実施しないと介護報酬の請求対象にならない。

　介護職員や訪問介護員など，介護職に従事するものについては，一般的に「介護士」と呼ばれる場合もあるが正式な名称ではない。

（8）福祉用具専門相談員

　福祉用具専門相談員とは，介護保険の指定を受けた福祉用具貸与・販売事業所に2名以上の配置が義務づけられている専門職である。都道府県知事の指定を受けた研修事業者が実施する講習を修了したものと，福祉用具に関する知識を有している国家資格保持者（保健師，看護師，准看護師，理学療法士，作業療法士，社会福祉士，介護福祉士，義肢装具士）が介護保険の指定福祉用具貸与・販売

事業所における福祉用具専門相談員の業務にあたることができる。主な業務は，一人ひとりに合った福祉用具を選ぶ選定相談，福祉用具の計画作成，福祉用具の調整や取り扱いについての説明，定期的な訪問確認（モニタリング）などである。⁽²⁾

2　保健・医療分野の専門職の役割

（1）医　師

医師とは，「医師法」において「医師は，医療及び保健指導を掌ることによつて公衆衛生の向上及び増進に寄与し，もつて国民の健康な生活を確保するものとする」とされている（第1条）。主に病院や診療所等で医業にあたっている。近年，医療と介護の連携については，通院時情報連携加算（介護保険の利用者が病院または診療所において医師の診察を受けるときに介護支援専門員が同席し，医師等に対して利用者の心身の状況や生活環境等の必要な情報の提供を行うこと）の加算創設などもあり，医療と介護の連携についてより重要視されてきていることがうかがえる。また，医師は，介護保険サービスである居宅療養管理指導⁽³⁾にて利用者の居宅を訪問し療養上の管理及び指導を実施する場合もある。

（2）歯科医師

歯科医師とは，「歯科医師法」において，「歯科医療及び保健指導を掌ることによつて，公衆衛生の向上及び増進に寄与し，もつて国民の健康な生活を確保するものとする」とされている（第1条）。主に病院や歯科診療所に勤務し歯科診療を行っている。居宅療養管理指導では，医師と同様に利用者の居宅を訪問し療養上の管理及び指導を実施する場合もある。

（3）薬剤師

薬剤師とは，「薬剤師法」において，「調剤，医薬品の供給その他薬事衛生をつかさどることによつて，公衆衛生の向上及び増進に寄与し，もつて国民の健康な生活を確保するものとする」とされている（第1条）。薬剤師は，調剤薬局

や病院などで勤務している場合が多い。居宅療養管理指導では，医師や歯科医師の指示のもと，利用者の居宅に訪問し服薬の助言や指導などを行っている。

（4）保健師

保健師とは，「保健師助産師看護師法」において，「保健師の名称を用いて，保健指導に従事することを業とする者をいう」とされている（第2条）。看護師の上位資格であり，地域住民の保健指導や健康管理を行う。対象者は幅広く，乳幼児から高齢者，健康な人から病気や障害を抱える様々な人が対象である。

保健師は，保健所や保健センター，医療機関や社会福祉施設などで勤務している。また，地域包括支援センターで保健師その他これに準ずる者（保健師に準ずる者とは，地域ケア，地域保健等に関する経験のある看護師をいう。なお，この経験のある看護師には准看護師は含まない）は，主に介護予防ケアマネジメント業務として介護予防プランの作成や介護予防対策等に携わっている。

（5）看護師

看護師とは，「保健師助産師看護師法」において，「傷病者若しくはじよく婦に対する療養上の世話又は診療の補助を行うことを業とする者をいう」とされている（第5条）。

看護師は，病院や診療所，訪問看護ステーションなどに勤務している。介護老人福祉施設などの介護保険施設や有料老人ホーム，サービス付き高齢者向け住宅などの入所施設やデイサービスなどの居宅サービス事業所などでも勤務している。

（6）理学療法士（PT）

理学療法士が行う理学療法とは，「理学療法士及び作業療法士法」において，「身体に障害のある者に対し，主としてその基本的動作能力の回復を図るため，治療体操その他の運動を行なわせ，及び電気刺激，マツサージ，温熱その他の物理的手段を加えることをいう」とされている（第2条第1項）。

理学療法士は，病院や診療所などで勤務している。また，介護老人保健施設

や通所リハビリテーションや訪問リハビリテーションなどでも勤務しているリハビリテーションの専門職である。

（7）作業療法士（OT）

　作業療法士が行う作業療法とは，「理学療法士及び作業療法士法」において，「身体又は精神に障害のある者に対し，主としてその応用的動作能力又は社会的適応能力の回復を図るため，手芸，工作その他の作業を行なわせることをいう」とされている（第2条第2項）。

　作業療法士は，病院や診療所などで勤務している。また，介護老人保健施設や通所リハビリテーションや訪問リハビリテーションなどでも勤務しているリハビリテーションの専門職である。

（8）言語聴覚士（ST）

　言語聴覚士とは，「言語聴覚士法」において，「言語聴覚士の名称を用いて，音声機能，言語機能又は聴覚に障害のある者についてその機能の維持向上を図るため，言語訓練その他の訓練，これに必要な検査及び助言，指導その他の援助を行うことを業とする者をいう」とされている（第2条）。

　言語聴覚士は，病院や診療所，リハビリテーション関連施設，社会福祉施設などでも勤務しているリハビリテーションの専門職である。

（9）歯科衛生士

　歯科衛生士とは，「歯科衛生士法」において，「歯科医師（歯科医業をなすことのできる医師を含む。）の指導の下に，歯牙及び口腔の疾患の予防処置として次に掲げる行為を行うことを業とする者をいう」とされている（第2条）。

　歯科衛生士は，主に病院や歯科診療所などで勤務している。居宅療養管理指導では歯科医師等と連携し，口腔ケア，嚥下訓練等を行う場合もある。

（10）栄養士（管理栄養士）

　栄養士とは，「栄養士法」において，「栄養士の名称を用いて栄養の指導に従

事することを業とする者をいう」とされている（第1条第1項）。

　管理栄養士とは，「管理栄養士の名称を用いて，傷病者に対する療養のため必要な栄養の指導，個人の身体の状況，栄養状態等に応じた高度の専門的知識及び技術を要する健康の保持増進のための栄養の指導並びに特定多数人に対して継続的に食事を供給する施設における利用者の身体の状況，栄養状態，利用の状況等に応じた特別の配慮を必要とする給食管理及びこれらの施設に対する栄養改善上必要な指導等を行うことを業とする者をいう」とされている（第1条第2項）。栄養士は都道府県知事の免許を受けた資格であり，主に健康な人を対象にして栄養指導や給食の運営を行う。管理栄養士は，国家資格であり，病気や障害，高齢などで食事が摂りづらくなっている方，健康な人一人ひとりに対して専門的な知識と技術をもって栄養指導や給食管理，栄養管理を行う。

　栄養士及び管理栄養士は，介護保険施設や居宅サービス事業所，病院，保健所などに配置されていることもある。

　近年，高齢者の低栄養状況を早期に発見し，要介護者，要支援者が重度の状態になることを防止することを目的とした取り組みがなされている。介護保険の通所系のサービスなどの加算で，栄養改善加算（低栄養状態にある利用者またはそのおそれのある利用者に対して，低栄養状態の改善や心身の状態の維持・向上に資する取り組みの実施を評価する加算）が創設され，利用者の心身状態の維持または向上が図られている。

3　その他の活動者

（1）認知症サポーター

　認知症サポーターとは，認知症に対する正しい知識と理解をもち，地域で認知症の人やその家族に対してできる範囲で手助けする者である。

　自治体（市町村・都道府県）または企業・職域団体（従業員を対象とする）が実施する認知症サポーター養成講座を受講することにより認知症サポーターになることができる。認知症サポーターに期待されることとしては，①認知症に対して正しく理解し，偏見をもたない，②認知症の人や家族に対して温かい目で

見守る，③近隣の認知症の人や家族に対して，自分なりにできる簡単なことから実践する，④地域でできることを探し，相互扶助・協力・連携，ネットワークをつくる，⑤まちづくりを担う地域のリーダーとして活躍する⁽⁴⁾，とされている。

（2）介護サービス相談員

　介護サービス相談員とは，介護保険サービスを提供する施設・事業所や食事提供サービス等を提供する住宅型有料老人ホームや安否確認・生活相談サービスを提供するサービス付き高齢者向け住宅を訪ね，サービスを利用する者等の話を聞き，相談に応じる等を行う取り組みである⁽⁵⁾。介護保険制度である地域支援事業の任意事業（介護サービスの質の向上に資する事業）として実施される介護サービス相談員派遣等事業における介護サービス相談員は，一定の水準以上の研修を受けた者であって，事業活動の実施にふさわしい人格と熱意を有した者が市町村に登録される。

4　チームケア

　高齢者を支援する際は，在宅での支援，または施設での支援も含め，福祉分野，保健・医療分野などの様々な専門職や関係者が連携して支援することが多くある。

　高齢者の自立を目指した専門職者の実践においては，様々な専門職がそれぞれの知識や技術を持ち寄って連携を図りながら支援を実施していくチームアプローチが重要になってくる。本節では，様々な連携の実際についていくつか取り上げ概説する。

（1）地域ケア会議

　地域ケア会議とは，「高齢者個人に対する支援の充実と，それを支える社会基盤の整備とを同時に進めていく，地域包括ケアシステムの実現に向けた手法」である⁽⁶⁾（図13-1）。

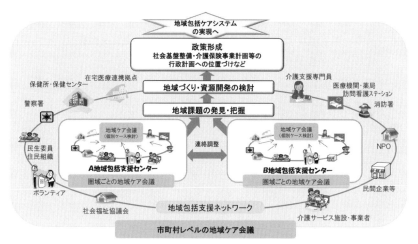

図13-1　「地域ケア会議」を活用した個別課題解決から地域包括ケアシステム実現までの
イメージ

出所：厚生労働省「地域ケア会議について」(https://www.mhlw.go.jp/seisakunitsuite/bunya/hukushi_
kaigo/kaigo_koureisha/chiiki-houkatsu/dl/link3-1.pdf　2022年1月25日閲覧)。

　高齢者を地域で支えていくための一つの取り組みとして地域ケア会議の効果
的な活用が有効であると考えられている。高齢者個人に対する支援の充実とそ
れを支える社会基盤の整備を図っていくことが重要であり，インフォーマル
サービスの把握や地域資源の整理などを行うことが地域ケア会議の目的の一つ
といえる。

　具体的には，たとえば介護保険制度において，地域で暮らしている高齢者を
支援しているケアマネジャーが抱えている問題に対して，医療，介護等の多職
種が協働して高齢者の個別課題の解決を図る場合などに，地域包括支援セン
ター等が主催することにより行われる個別ケースとして開催される会議などが
ある。様々な困難ケース等個別ケースの積み重ねから地域特有の課題を政策課
題へつなげていくことが大切である。

（2）サービス担当者会議

　サービス担当者会議とは，介護（支援）が必要な利用者が，介護保険サービ
スを利用する際，ケアマネジャーが作成した計画書（ケアプラン）の原案をも

とに，サービスに関係する担当者が集まりケアプランについて話し合う会議のことである。ケアプランの作成時や変更時などには，開催が義務づけられており，主催はケアマネジャーである。

　サービス担当者会議の目的としては，①利用者やその家族の生活全体及びその課題を共通理解する，②地域の公的サービス・インフォーマルサービスなどの情報共有をし，その役割を理解する，③利用者の課題，その利用者の生活機能向上の目標，支援の方針，支援計画などを協議する，などが挙げられる。関係するサービス事業者等の役割を相互に理解することで，目的に向かった支援が展開される。その際，対象者の情報を事前に伝える手段の一つに「情報提供書」がある（表13-1）。「情報提供書」に記載されている事項は，氏名や生年月日，住所，連絡先，家族構成などの基本的な事項や，病歴や担当ケアマネジャー，主治医，心身の状況なども記載されている。関係する各機関に情報の周知には非常に有効な手段ではあるが，対象者やその家族の情報が記載されていることから，利用者の同意が必要となる。また，FAXやメールを利用する際は，誤送信がないかなど，細心の注意が必要となる。

　サービス担当者の構成員としては，利用者・家族，サービス事業所担当者，主治医，保健所，福祉事務所，インフォーマルサービスの関係者，ケアマネジャーなどが考えられる。

（3）カンファレンス

　介護や医療の現場においては，「会議」という意味で使われる場合が多い。利用者や患者に関する情報の共有の場のことを指し，ケアカンファレンスやケースカンファレンスなどと呼ぶ場合もある。

　カンファレンスの目的としては，利用者や患者の現状や問題点などを各担当が報告し，チーム，メンバー間で協議しながら，情報を共有し，よりよい支援方法を検討することが目的といえる。カンファレンスの開催に関しては，定期的に開催されるもの，必要時に開催されるものなど特に定められた決まり事などはない。基本的にチーム，メンバー間で自発的に行うものであり，目的や状況に応じて参加者や開催する日時などが決められる。介護や医療の現場におい

表13-1　情報提供書の例

令和　　年　　月　　日

フリガナ		性別	被保険者番号		要介護度	
氏名	様		保険者			
			生年月日			歳

住所	〒	電話	
		携帯	

連絡先①		続柄	住所		電話番号	
氏名	様					

連絡先②		続柄	住所		電話番号	
氏名	様					

連絡先③		続柄	住所		電話番号	
氏名	様					

□居宅介護支援事業所　：　　　　　　　　☎　　　　　　　□担当　：

身体の状況（褥瘡・麻痺・皮膚の状態等）	現病歴
服薬状況 朝・昼・夕・眠前・不明 感染症（不明・無・有　　　　）	既往歴

主治医		住所	
医療機関		電話番号	

障害高齢者の日常生活自立度　　　　自立・J1・J2・A1・A2・B1・B2・C1・C2

認知症高齢者の日常生活自立度　　　　自立・Ⅰ・Ⅱa・Ⅱb・Ⅲa・Ⅲb・Ⅳ・M　長谷川式　　　　点

移動	独歩・伝い歩き・杖・歩行器・車いす	立位保持	自立・つかまり立ち・一部介助・全介助・不可
歩行	自立・見守り・一部介助・全介助・不可	着脱	自立・声掛け・見守り・一部介助・全介助
食事	自立・見守り・一部介助・全介助・経管栄養 用具（お箸・スプーン・フォーク）　義歯（有・無）	視力	正常・やや低下・低下・見えない 眼鏡（　無し・有り　）
食事形態	主食（　ご飯・お粥・ミキサー　） 副食（　普通・荒切り・キザミ・ミキサー　）	聴力	正常・やや難聴・難聴・聞こえない 補聴器（　無し・有り【右・左】　）
入浴	自立・見守り・一部介助・全介助	言語	可・簡単な事なら可・話せない
排せつ	自立・見守り・一部介助・全介助 （トイレ・ポータブル・尿器・バルーン留置）	意思疎通	可・簡単な事なら可・通じない
着用	下着・パット・リハビリパンツ・オムツ	周辺症状	無し・有り（　　　　　　　　　　）
家族構成		備考	

出所：筆者作成。

て，日々変化する利用者や患者の状況について，認識のすり合わせなどを行う
ことに関して非常に有効な会議の一つである。

注
(1)　全国社会福祉協議会「福祉の資格」(https://www.shakyo.or.jp/guide/shikaku/
　　setsumei/10.html　2022年1月25日閲覧)。
(2)　全国福祉用具専門相談員協会「福祉用具専門相談員とは」(https://www.zfssk.
　　com/kaigo/about.php　2022年1月25日閲覧)。
(3)　医師，歯科医師，薬剤師，看護職員，歯科衛生士または管理栄養士が，通院が困
　　難な利用者に対し，居宅を訪問して心身の状況や置かれている環境等を把握し療養
　　上の管理及び指導を行う。
(4)　厚生労働省「認知症サポーター」(https://www.mhlw.go.jp/stf/seisakunitsuite/
　　bunya/0000089508.html　2022年4月16日閲覧)。
(5)　厚生労働省「介護サービス相談員，及び介護サービス相談員派遣等事業につい
　　て」(https://www.mhlw.go.jp/stf/seisakunitsuite/bunya/0000114158_00001.html
　　2022年4月16日閲覧)。
(6)　厚生労働省「地域ケア会議について」(https://www.mhlw.go.jp/seisakunitsuite/
　　bunya/hukushi_kaigo/kaigo_koureisha/chiiki-houkatsu/dl/link3-1.pdf　2022年1
　　月25日閲覧)。

参考文献

日本ソーシャルワーク教育学校連盟編（2021）『高齢者福祉』中央法規出版。
新村出編（1983）『広辞苑　第3版』岩波書店。
田村正勝編著（2009）『ボランティア論——共生の理念と実践』ミネルヴァ書房。

学習課題

①　高齢者支援で重要となる「多職種連携」を実践する際に大切なこととは何か考え
　てみよう。
②　自分たちが居住する地域には，どのようなボランティア活動があるのか調べてみ
　よう。

第14章

高齢者と家族を支援するためのソーシャルワーク

　本章では，ソーシャルワークの機能・プロセスと高齢者領域におけるソーシャルワーカーの役割，多職種連携及び介護予防におけるソーシャルワーカーの視点，認知症高齢者への意思決定支援と支援ネットワークのあり方，家族介護者を取り巻く様々な課題と必要になる総合的支援を概説する。

　高齢者と家族へのソーシャルワークの具体的内容を理解し，ソーシャルワークの実践力向上を意識した学習をしてほしい。

1　高齢者領域におけるソーシャルワーカー （社会福祉士）の役割

（1）ソーシャルワークの機能とソーシャルワーカーによる支援

　ソーシャルワークの代表的な機能には，調整的機能，開発的機能，代弁的機能，教育的機能がある。この機能の内容をまとめたものが表14-1である。

　この各機能について，施設入所者を対象にしたソーシャルワーカー（レジデンシャル・ソーシャルワーカー）による高齢者領域の支援を例として挙げたものが表14-2である。

　次に，わが国で重要度が増している「地域を基盤としたソーシャルワーク」をみていく。このソーシャルワークの定義は，「ジェネラリスト・ソーシャルワークを基礎理論とし，地域で展開する総合相談を実践概念とする。個を地域で支える援助と個を支える地域を作る援助を一体的に推進することを基調とした実践理論の体系」のことである。このソーシャルワークの機能は，表14-3

表14-1　ソーシャルワークの代表的機能

機　能	内　容
① 調整的機能	生活における社会関係の不調和を改善，解決するためのものであり，家族関係，個人・家族と社会資源の関係，施設・機関同士の関係，地域住民同士の関係，施設・機関と地域住民の関係などを調整する機能。
② 開発的機能	生活ニーズに基づいて，必要となる支援や活動，サービス，制度，マンパワー，施設・機関などの社会資源をつくり出すことや拡充する機能。
③ 代弁的機能	個人や人々が生活ニーズを充足するために必要であるにもかかわらず，支援・サービスや制度などを利用できないなどの不利益を被っているときに，当事者に代わってまたは当事者とともに意見などを表明していく機能。
④ 教育的機能	個人・家族，地域住民などが生活上の課題への対処能力などを習得するために，状況認識能力，意思決定能力，実行能力，生活スキルの能力や問題を未然に防ぐ能力などを経験的に身につけることを支える機能。

出所：山辺朗子（2011）「ソーシャルワーク専門職の機能」『ジェネラリスト・ソーシャルワークの基盤と展開——総合的包括的な支援の確立に向けて』ミネルヴァ書房，31〜54頁をもとに筆者作成。

表14-2　高齢者施設における支援例（ソーシャルワークの代表的機能別）

機　能	支援の例
① 調整的機能	入所者同士，入所者と家族，入所者と施設職員，入所者と施設サービス，入所者と社会資源（インフォーマル・フォーマル），施設職員同士の関係などの調整。
② 開発的機能	入所者・家族に向けた施設職員・関係者等との連携による新たなサービスの試み，地域貢献活動の立ち上げや拡充，新たなテクノロジー（ICTや介護ロボット等）の活用などによる施設運営の見直しなど。
③ 代弁的機能	入所者の生活ニーズや家族の思いを把握し，必要に応じて施設サービスや施設運営，施策に反映させるための代弁活動など。
④ 教育的機能	入所者の自己実現や生活の質の維持・向上に向けた入所者・家族への情報提供や助言，入所者の機能維持・向上につながる入所者への情報提供や助言，住民への地域福祉の増進に係る講座やワークショップの実施など。

出所：筆者作成。

の通りである。

　表14-4は，この8つの機能をもとに高齢者領域に焦点をしぼった，主に地域で生活する人を対象にするソーシャルワーカー（コミュニティ・ベースド・ソーシャルワーカー）の支援例である。

　なお，ソーシャルワーカーの中には，介護支援専門員として要介護高齢者のケアマネジメントを行っている場合がある。わが国におけるケアマネジメント

表14-3　地域を基盤としたソーシャルワークの8つの機能

機　　能	概　　　要
①　広範なニーズ 　　への対応	社会福祉六法等の従来の枠組みに拘泥しない援助対象の拡大。地域生活上の「生活のしづらさ」という広範なニーズへの対応，先駆的・開発的機能の発揮。
②　本人の解決能 　　力の向上	個人，家族，地域住民等の当事者本人を課題解決やニーズ充足の主体とする取り組み。地域における生活主体者としての視座の尊重。問題解決能力，ワーカビリティ，エンパワメントの重視。
③　連携と協働	地域における複数の機関の連携と協働による課題解決アプローチの重視。チームアプローチ及びネットワークによる対応。地域におけるケースカンファレンスの重視。
④　個と地域の一 　　体的支援	個を地域で支える援助と個を支える地域をつくる援助の一体的推進。個への支援と地域力の向上の相乗効果の志向。「一つの事例が地域を変える」という積極的展開。
⑤　予防的支援	地域住民・組織による早期発見機能と予防的プログラムの重視。状況が安定してからの見守り機能による継続的支援の展開。発見から見守りまでの長期的対応。
⑥　支援困難事例 　　への対応	深刻化と複雑化の様相を呈する支援困難事例への適切な対応。専門職による高度なアプローチ。連携と協働のためのケースカンファレンスの活用。適切な社会資源の活用。
⑦　権利擁護活動	権利侵害事例に対する権利擁護の推進。成年後見制度等の権利擁護のための制度の積極的活用。セーフティネットの拡充と地域における新しいニーズの掘り起こし。権利擁護の担い手の養成。
⑧　ソーシャルア 　　クション	個別支援から当事者の声を代弁したソーシャルアクションへの展開。社会資源の開発と制度の見直し。住民の参画と協働による地域福祉計画等の策定。ソーシャルインクルージョンの推進。

出所：岩間伸之（2011）「地域を基盤としたソーシャルワークの特質と機能——個と地域の一体的支援の展開に向けて」『ソーシャルワーク研究』37(1)，11頁。

の定義としては，「利用者や家族が納得できる地域生活を営むことができるように，さまざまな配慮（利用者の身体的ケアに対する配慮，利用者や家族に対する心理的な配慮，利用者，家族，利用者が住む地域住民のもち味や強みに関する配慮，利用者と家族との関係についての配慮，家族介護に対する配慮，利用者と地域とのつながりに関する配慮など）を行い，地域における社会資源（近隣，友人，民生委員，ボランティア，介護保険でのサービス提供者，他の医療・保健・福祉サービス提供者，年金制度など）をうまく活用しながら，利用者と家族の生活を支えていくための実践活動[2]」といったものなどがある。

表14-4　地域を基盤としたソーシャルワーク機能別の高齢者への支援例

機　能	支援の例
①　広範なニーズへの対応	介護支援にとどまらず，高齢者の孤立等への予防支援や高齢者の社会参加の促進など。また，高齢者本人のみならず，家族介護者への支援（仕事と介護の両立支援，ヤングケアラーへの支援等）など。
②　本人の解決能力の向上	ストレングスや生活ニーズを高齢者・家族自身が気づくことの促しと言語化の支援，当事者をニーズ充足の主体としてとらえ，その充足を支える援助。
③　連携と協働	行政機関，保健・医療・福祉の機関・施設，警察，司法関係，民間企業等やその職員，地域住民，ボランティア，NPOなど多種多様な機関・施設，人々のネットワークづくりやそのネットワークを活かした支援など。
④　個と地域の一体的支援	一人暮らし高齢者や高齢者のみ世帯等の見守り・生活支援と住民同士の支え合い活動（訪問や通いの場等）の推進等といった個を地域で支える援助と個を支える地域をつくる援助を同時並行で行うなど。
⑤　予防的支援	高齢者や家族の介護ニーズの早期把握・早期対応，高齢者虐待の予防，フレイルや要介護度の重度化の予防，閉じこもりの予防など。
⑥　支援困難事例への対応	セルフネグレクトの高齢者，支援拒否のある高齢者や家族，多頭飼育崩壊や不衛生な住宅環境などで近隣住民とトラブルのある高齢者，8050問題等の複合課題のある世帯への支援など。
⑦　権利擁護活動	認知症高齢者の権利擁護（成年後見制度や日常生活自立支援事業の利用等），高齢者虐待や消費者被害の予防・対応，健康で文化的な最低限度の生活保障のための支援など。
⑧　ソーシャルアクション	高齢者・家族等の生活ニーズに基づいた社会資源の変革・創造や仕組みづくり，地域ケア会議等を活用した政策形成など。

出所：筆者作成。

（2）ソーシャルワークのプロセス

　本項ではソーシャルワークのプロセスとして，地域包括支援センターによる総合相談支援のプロセスを取り上げる。

　地域包括支援センターには社会福祉士などが勤務しており，総合相談支援業務を行っている。総合相談支援とは，「地域の高齢者が，住み慣れた地域で安心してその人らしい生活を継続していくことができるようにするため，どのような支援が必要かを把握し，地域における適切なサービス，関係機関および制度の利用につなげる等の支援を行うもの」[3]である。この業務内容には総合相談（「地域に住む高齢者等に関するさまざまな相談をすべて受け止め，適切な機関・制度・

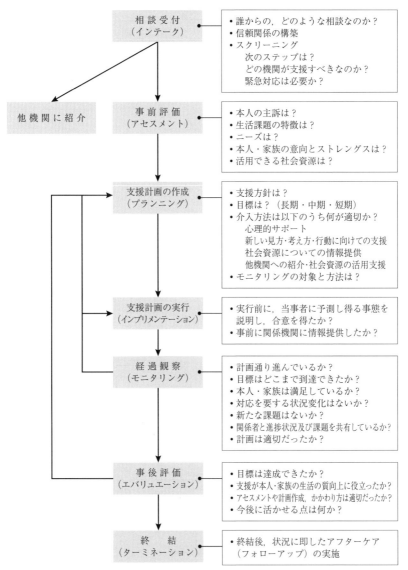

図 14-1　総合相談支援のプロセス

出所：岡田まり・島村聡（2012）「総合相談の視点と方法」日本社会福祉士会編『地域包括支援セン
　　ターのソーシャルワーク実践　改訂』中央法規出版，37頁を一部改変。

サービスにつなぎ，継続的にフォローする[4]」等を行うこと），地域包括支援ネットワーク構築（「関係行政機関はもとより，地域の支援を必要とする本人や家族，サービス事業者，関係団体，成年後見関係者，民生委員，地域支え合い等のインフォーマルサポート関係者，一般住民等によって構成される『人的資源』からなる有機体[5]」のこと）などがある。

　総合相談支援のプロセスは，①相談受付（インテーク），②事前評価（アセスメント），③支援計画の作成（プランニング），④支援計画の実行（介入）（インプリメンテーション（インターベンション）），⑤経過観察（モニタリング），⑥事後評価（エバリュエーション），⑦終結（ターミネーション）であり，終結後，状況に即してアフターケア（フォローアップ）を行う。このプロセスを図式化したものが図14-1である。

　事前評価（アセスメント）では高齢者や家族の生活ニーズを把握するために，幅広い事柄について情報を収集し分析・整理する。情報収集・分析すべき項目は，①主訴や希望，②身体的状況（疾患，ADL（日常生活動作），IADL（手段的日常生活動作）等），③精神心理的状況（精神疾患，認知能力，生きがい・楽しみ等），④社会的状況（役割，社会参加，家族・友人・近隣関係等），⑤経済状況，⑥家族・介護者の状況（介護意欲・能力，介護負担，就労状況等），⑦生活歴などである。なお，ソーシャルワーカーは普段から社会資源（フォーマルサービス・インフォーマルサポート，制度・施策）の把握もしておく。

　総合相談支援業務には，前述した地域包括支援ネットワークの構築も含まれている。日頃から保健・医療・福祉などの地域の様々な関係者とのネットワークづくりをしておくことにより，高齢者や家族が抱える問題の早期発見につながる。また，高齢者や家族の生活ニーズに対応した，より適切で効果的な支援やサービス提供が行いやすくなる。他方，総合相談を展開する中で，新たな社会資源やネットワークの必要性が明らかになった場合は，その修正・開発や構築に向けた活動も行う。なお，ネットワークについては，第2節で詳述する。

（3）多職種連携とチームアプローチ

　高齢者領域でソーシャルワーク機能を担う専門職（高齢者福祉施設に勤務する

生活相談員や介護支援専門員，及び地域包括支援センターの社会福祉士や居宅介護支援事業所の介護支援専門員など）には，多職種連携を図り，チームによる支援が効果的に行われるようにする中心的な役割がある。

　要介護等の高齢者や家族の生活ニーズに基づいて，必要となる専門職がチームを組んで支援（チームアプローチ）していく。このチームは一つの施設・機関内にとどまらず，特に在宅生活を送る要介護等の高齢者には複数の施設・機関間で構成されることが多い。チームアプローチにおいては，各専門職がチームの目標や方針を共有するとともに他の職種の専門性を理解し，それぞれの専門性を活かし協力して支援することが大切となる。なお，要介護等の高齢者と家族を支える主な専門職については，第13章を参照すること。

（4）介護予防におけるソーシャルワーカーの支援視点

　介護予防とは，「要介護状態の発生をできる限り防ぐ（遅らせる）こと，そして要介護状態にあってもその悪化をできる限り防ぐこと，さらには軽減を目指すこと[6]」である。

　ソーシャルワーカーが理解しておくべき，これからの介護予防の考え方としては，高齢者本人に対する機能回復訓練などのアプローチだけではなく，生活環境の調整や地域の中に生きがいや役割をもてる居場所と出番づくりなど，高齢者を取り巻く環境へのアプローチも含めたものが重要となることである。

　たとえば，リハビリテーション専門職等による自立支援の取り組みが推進されるとともに，住民による通いの場の運営（体操の集いなど）等が展開される地域づくりをしていく。また，高齢者が通いの場や見守り活動，生活支援等の担い手となって社会的役割をもつことが介護予防につながる場合があることを念頭に置き支援する。加えて，高齢者が要介護状態となっても，生きがいや役割をもって生活できる地域づくりを推進するという視点ももつようにする。

　図14-2は，前述の高齢者本人を取り巻く環境へのアプローチも含まれている高齢者リハビリテーションのイメージ図である。

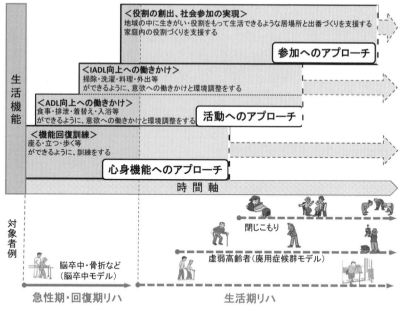

図14-2　高齢者リハビリテーションのイメージ

出所：厚生労働省（2014）「平成26年度第1回都道府県介護予防担当者・アドバイザー合同会議資料　これからの介護予防」（https://www.mhlw.go.jp/file/05-Shingikai-12301000-Roukenkyoku-Soumuka/0000044834.pdf　2021年9月21日閲覧）。

2　認知症高齢者を支えるソーシャルワークの実際

（1）認知症の人への意思決定支援

　認知症とは，「発達した知能が，脳の後天的障害により持続的かつ比較的短期間のうちに低下し，日常生活に支障をきたすようになること[7]」であり，記憶力や思考力，判断力の障害などがみられる。

　自らの意思に基づいて，生活のあり方を決めることは誰にとっても大切であり，高齢者領域のソーシャルワーカーには認知症の人の意思決定を支えることが必要に応じて求められる。認知症の人への意思決定支援とは，「認知症の人であっても，その能力を最大限活かして，日常生活や社会生活に関して自らの意思に基づいた生活を送ることができるようにするために行う，意思決定支援

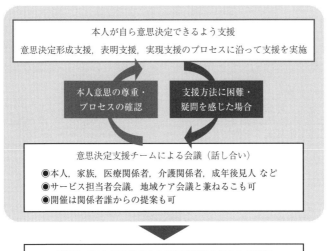

本人の意思の尊重，意思決定能力への配慮，早期から継続支援

本人が自ら意思決定できるよう支援

意思決定形成支援，表明支援，実現支援のプロセスに沿って支援を実施

本人意思の尊重・
プロセスの確認

支援方法に困難・
疑問を感じた場合

意思決定支援チームによる会議（話し合い）
●本人，家族，医療関係者，介護関係者，成年後見人 など
●サービス担当者会議，地域ケア会議と兼ねるこも可
●開催は関係者誰からの提案も可

適切なプロセスを踏まえた支援が提供されたかの確認

本人の意思の尊重の実現

認知症の人の自らの意思に基づいた日常生活・社会生活の実現

図14-3　認知症の人への意思決定支援の概念図
出所：厚生労働省（2018）「認知症の人の日常生活・社会生活における意思決定支援
ガイドライン」（https://www.mhlw.go.jp/file/06-Seisakujouhou-12300000-Rou
kenkyoku/0000212396.pdf　2021年10月9日閲覧）11頁。

者による本人支援⁽⁸⁾」のことである。

　この意思決定支援では，本人の意思を尊重すること（自己決定の尊重）が基本原則となる。この尊重のためには，必要な情報を認知能力に応じてわかりやすく提供するといった配慮や，非言語メッセージ（認知症の人の表情など）も意思表示として読み取ろうとする態度が支援者には求められる。

　また，早期（認知症の軽度）の段階で本人，家族及び関係者が今後のことを話し合い，あらかじめ決めておくなど，先を見通した支援を行うとともに，本人の意思を繰り返し確認していくことが大切となる。

　意思決定支援は，本人の意思決定能力をアセスメントしながら，①本人が意思を形成することの支援（意思形成支援），②本人が意思を表明することの支援（意思表明支援），③本人が意思を実現するための支援（意思実現支援）のプロセスで行う。なお，③意思実現支援では，様々な社会資源を活用する視点をもつ。その際，見学や体験利用など，認知症の人が実際に経験できる機会を設けるといった配慮も必要である。

　また，家族，医療・福祉関係者，成年後見人などがチームを形成し，本人の意思や状況を継続的に把握，アセスメントしながら意思決定支援をしていく。

　なお，本人の生活に影響を与える意思決定支援を行った場合には，記録を残すようにする。以上のような意思決定支援の概念図が図14‐3である。

（2）認知症高齢者を支えるネットワーク

　前述のように，総合相談支援などのソーシャルワーク実践では，既存のネットワークの活用や新たなネットワークの構築が求められる。ソーシャルワークにおけるネットワークとは「関係者のつながりによる連携・協働・参画・連帯のための状態及び機能のこと[9]」である。

　このネットワークの形態は，保健・医療・福祉などの専門職を基本としたもの，地域住民やボランティアなどのインフォーマルな人々を基本としたもの，この両方によって構成されるものがある。専門性が必要となる事例は専門職の比重が高くなるが，状況に合わせた様々な構成が求められる。また，ネットワークは固定化されたものではなく，高齢者・家族の生活ニーズや地域の状況によって変化していく（させていく）という視点も大切である。

　認知症高齢者や家族を支えるネットワークとしては，認知症の人の見守りネットワークなどがある。この実例として，兵庫県尼崎市の「認知症みんなで支えるSOSネットワーク事業」を紹介する。このネットワークは，認知症等により外出した高齢者等が自宅へ戻れなくなり，所在がわからなくなったときに早期に発見するため，地域の人々や専門機関等が構築しているものである。

　この事業は事前に本人の特徴や連絡先，写真などを登録し，所在がわからなくなったときに登録情報をもとに，市役所から協力機関（社会福祉協議会，介護

事前登録　　　　　　　　　　　　　　　　行方不明時

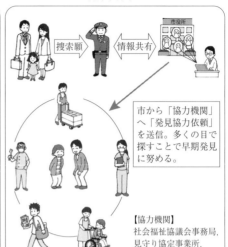

図14-4　尼崎市「認知症みんなで支えるSOSネットワーク」

出所：尼崎市（2021）「認知症みんなで支えるSOSネットワーク事業・認知症高齢者等個人賠償責任保険事業」（https://www.city.amagasaki.hyogo.jp/kurashi/koreisya/nintisyou/1021549.html　2021年10月12日閲覧）。

事業所，コンビニエンスストア等）などへ発見協力の依頼を行うものである。この事前登録や行方不明時の手順は，図14-4の通りである。

3　家族を支えるソーシャルワークの実際

（1）家族介護者を取り巻く課題と支援

　要介護高齢者等を介護する家族（家族介護者）を取り巻く課題は幅広い。この課題は介護疲れといった介護そのものにとどまらず，介護離職・介護と仕事の両立といった家族介護者の就業に関するものや，8050問題・ダブルケアなどの複合課題，いわゆる老老介護やヤングケアラーに係る課題，相談機能の充実や家族介護者を支える地域づくりに関するものなどがある。

　ソーシャルワーカーには家族介護者の生活や人生の質の向上に着目して，関係機関・施設等と協力し，家族介護者を取り巻く課題に向けた支援をする視点

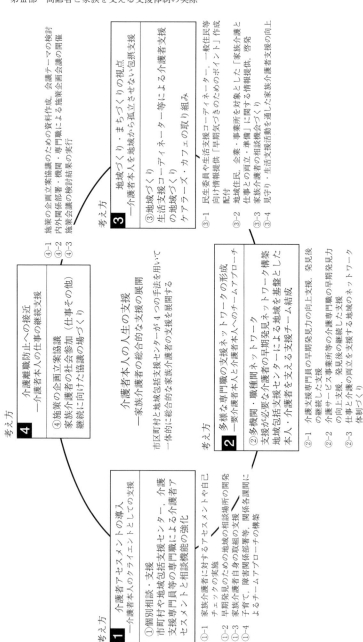

考え方

1　介護者アセスメントの導入
ー介護者本人のクライエントとしての支援

①個別相談・支援
市町村や地域包括支援センター，介護支援専門員等の専門職による介護者アセスメントと相談機能の強化

①-1　家族介護者に対するアセスメントや自己チェックの実施
①-2　早期発見のための地域の相談場所の開発
①-3　介護者自身の取組の支援
①-4　子育て，障害者関係部署等，多機関によるチームアプローチの構築

考え方

4　介護離職防止への接近
ー介護者本人の仕事の継続支援

④施策の企画立案協議
家族介護者の社会参加（仕事その他）継続に向けた協議の場づくり

④-1　施策の企画立案協議のための資料作成，会議テーマの検討
④-2　内外関係部署・機関による施策企画会議の開催
④-3　施策会議の検討結果の実行

介護者本人の人生の支援
ー家族介護者の総合的な支援の展開

市区町村と地域包括支援センターが４つの手法を用いて一体的に総合的な家族介護者の支援を展開する

考え方

2　多様な専門職の支援ネットワークの形成
ー要介護者本人と介護者へのチームアプローチ

②多機関・職種間ネットワーク
支援が必要な介護者の早期発見ネットワーク構築を基盤とした地域包括支援センターによる地域の支援チーム結成
本人・介護者を支える支援チーム結成

②-1　介護支援専門員の早期発見見力の向上支援，発見後の継続した支援
②-2　介護サービス事業所等の介護専門職の早期発見力の向上支援，発見見後の継続した支援
②-3　仕事と介護の両立を支援する地域のネットワーク体制づくり

考え方

3　地域づくり・まちづくりの視点
ー介護者本人を地域から孤立させない包括支援

③地域づくり
生活支援コーディネーター等による介護者支援の地域づくり
ケアラーズ・カフェの取り組み

③-1　民生委員や生活支援コーディネーター，一般住民等向け情報提供「早期気づきのためのポイント」作成・配付
③-2　地域住民，企業，事業所を対象とした「家族介護と仕事との両立」に関する情報提供，啓発
③-3　家族介護者の相談機会づくり
③-4　見守り・生活支援活動を通した家族介護者支援の向上

図14-5　家族介護支援の総合的展開の４つの考え方

出所：厚生労働省（2018）『市町村・地域包括支援センターによる家族介護者支援マニュアル ー介護者本人の人生の支援』11頁を一部改変。

が必要となる。

　この支援では利用できるサービス・支援に関する家族介護者への情報提供や助言，家族介護者へのレスパイト（休息）ケアのためのサービス提供施設・事業所等との連絡・調整，家族介護者への情緒的支援や家事・介護支援などをはじめ，図14-5にあるような支援ネットワークの形成や地域づくり，介護離職防止といった総合的な支援の展開が求められる。加えて，高齢者の人生の最終段階において，高齢者本人のみならず家族への意思決定支援を必要に応じて行う視点も忘れてはならない。

（2）要介護高齢者と家族を支えるソーシャルワークの事例

　ここでは要介護高齢者だけではなく，家族介護者への支援を展開したソーシャルワークの事例（フィクション）を提示し，ポイントを解説する。

〈事例〉

　地域包括支援センターの社会福祉士に民生委員から，近所に気になる人がいるので相談に乗ってほしいとの電話連絡が入った★1。先方には地域包括支援センターに連絡することや，一緒に訪問することの了解がすでに得られていたため，社会福祉士は民生委員とともに訪問した。

　訪問時に社会福祉士が言語コミュニケーションのみならず，観察や嗅覚も活用して把握★2した生活課題等は次の通りであった。①高齢者のAさんは，およそ1か月前から歩行がしづらくなっている。②配偶者であるBさんは，Aさんの介助を1人でしている。③Bさんも高齢者で，Aさんの歩行時は付きっきりで介助している。また，夜中のお手洗いまでの歩行介助もほぼ毎晩している。④Aさんは，歩行がしづらくなってから外出をしていない。また，入浴もしていない。⑤BさんはAさんのことが気になり，日用品の買い物以外，ほとんど出かけることがない。⑥子どもが2人いて，それぞれ電車で1時間ほどのところに住んでいるが，AさんとBさんは現状を伝えていない。

　また，社会福祉士が生活課題等とあわせてAさんとBさんの思いの把握や，介護保険制度などの情報提供，助言等のやりとりで意思疎通★3を図った結果，Aさんから次の希望が出された。①この家で配偶者と暮らし続けたい。②入浴とともに外出や人との交流をしたい。③歩行を安定させたい。④以前配偶者とともに通っていた近隣にある地域の集いの場へ行きたい。⑤今は長距離の歩行が難しいので，長距離

の移動では安全のため車いすを使いたい。⑥配偶者のためであれば，夜間帯のポータブルトイレの使用やショートステイの利用も視野に入れたい。⑦子どもにはあまり迷惑をかけたくないが，包み隠さず現状を伝えたい。そしてＢさんもＡさんのためや，一緒に末永く暮らすために自身の介護負担の軽減及び気分転換の時間を確保したいことから，Ａさんと同じ考えをもっていた。

　その後，社会福祉士は要介護認定の申請代行，そして居宅介護支援事業所の介護支援専門員との連携・引き継ぎを行った。介護支援専門員によるアセスメント，プランニングなどを経て，①通所介護（デイサービス），訪問リハビリテーション，短期入所生活介護（ショートステイ）の利用，②福祉用具貸与による車いす，歩行器，手すりの使用と特定福祉用具販売によるポータブルトイレの購入，③以前通っていた近隣にある地域の集いの場への参加（会場までに坂道がありＢさんが車いすを押していくのが体力的に難しいため，調整の結果，集いの場の参加者有志が交代で押すことを手伝うことになった），④子どもの来訪（週に１日程度）によるＢさんのサポート★4が行われることとなった。

　以上の継続的な支援により，Ａさんは入浴や社会参加の機会を得られ，QOL（生活の質）が高まった。また，リハビリテーションなどによって歩行・移乗能力が改善するなどのADLの維持・向上や福祉用具の活用により，数週間後には夜間１人で排せつができるようになった。

　そして，ＢさんはＡさんの通所介護の利用時や子どもが来訪しているときに，買い物や趣味活動などの外出が安心してできるようになった。また，夜間の質の良い睡眠についても，当初は短期入所生活介護の利用時や子どもが泊まりにきているときのみであったが，その後はＡさんが夜間の排せつを一人でできるようになったため，毎晩とれるようになった。

　介護支援専門員は，ＡさんとＢさんの状況を継続的にモニタリングし，適宜支援内容を変更した★4。加えて，介護支援専門員は今回の支援を通し，この地域では要介護高齢者等への移動支援の仕組みが整っていないことがわかったため，地域包括支援センターの社会福祉士と意見交換した。

　社会福祉士は行政機関や社会福祉協議会などと，移動支援の仕組みづくり（住民による活動も含む）を検討する会議を行う予定である★5。

〈ポイント〉

　ソーシャルワーカーは，日頃から地域の様々な人々や機関とネットワークを構築しておく（★1）。

　ソーシャルワーカーは多様な方法で必要となる情報を収集・整理し，状況の把握をする（★2）。

　ソーシャルワーカーは受容・傾聴・共感の態度で高齢者本人・家族とコミュニケーションをとり，意思疎通に努め，利用者本位で支援をする（★3）。

　介護支援専門員やソーシャルワーカーは要介護高齢者本人と家族介護者の生活ニーズに基づいて，フォーマルサービスのみならずインフォーマルサポートも視野に入れた支援や，様々な用具・機器の活用も検討する視点をもつ。そして，生活ニーズが変化した場合は，支援の目標や内容の見直しなどを検討する（★4）。

　ソーシャルワーカーは，高齢者本人・家族への個別支援とともに，住民同士の支え合い活動の推進や地域資源の見える化，社会資源の修正・開発といった地域や社会への働きかけも念頭に置く（★5）。

（3）ケアラー支援に係る行政計画の例

　最後に，高齢者を介護する家族などのケアラーに対する支援の先駆的な行政計画である「埼玉県ケアラー支援計画」（2021〜2023年度）を紹介する。

　この計画の基本理念は「全てのケアラーが個人として尊重され，健康で文化的な生活を営むことができる社会の実現[10]」であり，施策の体系は表14-5の通りである。

　この施策体系の内容を整理すると，ケアラーに関する①広報啓発，②相談支援体制の整備や関係機関の連携強化，③多様なケアラーへの様々な支援（ダブルケア等への支援，仕事と介護の両立支援，ヤングケアラーへの支援など），④地域の見守り体制や住民同士の助け合いの拡充，孤立しない地域づくり，⑤職員の専門性向上や担い手（地域住民）の育成といった幅広いものとなっている。

表 14 - 5　埼玉県ケアラー支援計画　施策の体系

基本目標	施　策	個別項目
1　ケアラーを支えるための広報啓発の推進	ケアラーに関する啓発活動	
2　行政におけるケアラー支援体制の構築	1　相談支援体制の整備	市町村におけるケアラーへの相談支援体制の構築
	2　多様なケアラーへの支援	認知症の方や高齢の方をケアするケアラーへの支援
		障害者の方をケアするケアラーへの支援
		高次脳機能障害の方をケアするケアラーへの支援
		医療的ケアを必要とする児童をケアするケアラーへの支援
		小児慢性特定疾病児童をケアするケアラーへの支援
		難病患者をケアするケアラーへの支援
	3　子育てしながら介護を担うダブルケアへの支援	
	4　ケアラーの生活支援	
3　地域におけるケアラー支援体制の構築	1　ケアラーが孤立しない地域づくり	
	2　地域の見守り体制・地域住民同士の助け合いの拡充	民生委員・児童委員の活動支援
		地域の支え合いの取組，NPO・ボランティア団体・自治会の地域活動への支援
	3　仕事と介護の両立支援の推進	
4　ケアラーを支える人材の育成	1　ケアラー支援への対応能力向上・連携強化	
	2　ケアラー支援を担う県民の育成	
5　ヤングケアラー支援体制の構築・強化	1　教育機関等によるヤングケアラー支援体制の構築	
	2　地域におけるヤングケアラー支援体制の構築	

出所：埼玉県（2021）「埼玉県ケアラー支援計画　令和 3 年度～令和 5 年度（2021年度～2023年度）」埼玉県福祉部地域包括ケア課，48頁。

注

⑴　岩間伸之（2019）「地域を基盤としたソーシャルワーク」『地域を基盤としたソーシャルワーク——住民主体の総合相談の展開』中央法規出版，16頁。

⑵　岡田進一（2011）『ケアマネジメント原論——高齢者と家族に対する相談支援の原理と実践方法』ワールドプランニング，20頁。

⑶　地域包括支援センター運営マニュアル検討委員会編（2018）『地域包括支援センター運営マニュアル2訂——さらなる地域包括ケアの推進と地域共生社会の実現に向けて』長寿社会開発センター，60頁。

⑷　⑶と同じ，105頁。

⑸　⑶と同じ，133頁。

⑹　辻一郎（2012）「介護予防について」介護予防マニュアル改訂委員会『平成23年度老人保健事業推進費等補助金（老人保健健康増進等事業分）介護予防事業の指針策定に係る調査研究事業　介護予防マニュアル改訂版』三菱総合研究所人間・生活研究本部，1頁。

⑺　栗山康弘（2019）「認知症」山縣文治・柏女霊峰編『社会福祉用語辞典　第9版』ミネルヴァ書房，299頁。

⑻　厚生労働省（2018）「認知症の人の日常生活・社会生活における意思決定支援ガイドライン」（https://www.mhlw.go.jp/file/06-Seisakujouhou-12300000-Roukenkyoku/0000212396.pdf　2021年10月9日閲覧）2頁。

⑼　岩間伸之（2013）「ソーシャルワーク実践におけるネットワーク構築の意義」日本社会福祉士会編『ネットワークを活用したソーシャルワーク実践——事例から学ぶ「地域」実践力養成テキスト』中央法規出版，17頁。

⑽　埼玉県（2021）「埼玉県ケアラー支援計画　令和3年度〜令和5年度（2021年度〜2023年度）」埼玉県福祉部地域包括ケア課，45頁。

参考文献

尼崎市（2021）「認知症みんなで支えるSOSネットワーク事業・認知症高齢者等個人賠償責任保険事業」（https://www.city.amagasaki.hyogo.jp/kurashi/koreisya/nintisyou/1021549.html　2021年10月12日閲覧）。

岩間伸之（2013）「ソーシャルワーク実践におけるネットワーク構築の意義」日本社会福祉士会編『ネットワークを活用したソーシャルワーク実践——事例から学ぶ「地域」実践力養成テキスト』中央法規出版，1〜17頁。

岡田進一（2011）『ケアマネジメント原論——高齢者と家族に対する相談支援の原理と実践方法』ワールドプランニング。

岡田まり・島村聡（2012）「総合相談の視点と方法」日本社会福祉士会編『地域包括支援センターのソーシャルワーク実践　改訂』中央法規出版，35〜46頁。

厚生労働省（2018）『市町村・地域包括支援センターによる家族介護者支援マニュア
ル――介護者本人の人生の支援』。

厚生労働省（2018）「認知症の人の日常生活・社会生活における意思決定支援ガイド
ライン」（https://www.mhlw.go.jp/file/06-Seisakujouhou-12300000-Roukenkyo
ku/0000212396.pdf　2021年10月9日閲覧）。

厚生労働省「これからの介護予防」（https://www.mhlw.go.jp/file/06-Seisakujou
hou-12300000-Roukenkyoku/0000075982.pdf　2021年9月19日閲覧）。

埼玉県（2021）「埼玉県ケアラー支援計画　令和3年度～令和5年度（2021年度
～2023年度）」埼玉県福祉部地域包括ケア課。

白澤政和（2015）「相談援助とは」社会福祉士養成講座編集委員会編『相談援助の理
論と方法Ⅰ　第3版』中央法規出版，1～26頁。

辻一郎（2012）「介護予防について」介護予防マニュアル改訂委員会『平成23年度老
人保健事業推進費等補助金（老人保健健康増進等事業分）介護予防事業の指針策定
に係る調査研究事業　介護予防マニュアル改訂版』三菱総合研究所人間・生活研究
本部，1～37頁。

安武綾編著（2020）『認知症plus家族支援』日本看護協会出版。

山辺朗子（2011）「ソーシャルワーク専門職の機能」『ジェネラリスト・ソーシャル
ワークの基盤と展開――総合的包括的な支援の確立に向けて』ミネルヴァ書房，
31～54頁。

和気純子（2021）「高齢者領域におけるソーシャルワーカーの役割」日本ソーシャル
ワーク教育学校連盟編『高齢者福祉』中央法規出版，190～209頁。

学習課題

① 　身近な市町村の行政計画（「高齢者福祉計画及び介護保険事業計画」など）を調
べ，高齢者にかかわる相談機関の現状把握と今後の方向性を考察してみよう。

② 　身近な市町村にある地域包括支援センターを調べ，その機能と当該センターにお
ける社会福祉士の役割を把握してみよう。

エピローグ

これからの高齢者福祉

　わが国における高齢者福祉施策は，大きな転換期を迎えつつある。高齢者福祉について学ぶ学習者にとって重要なことは，現在取り組まれている施策について理解するだけでなく，今日における高齢者福祉施策が何を目指し，どのような取り組みを進めているのかについて学ぶことが必要である。そこで，このエピローグでは，まずわが国が抱える高齢者福祉に関する今日的課題を取り上げるとともに，現在進められている地域共生社会の実現に向けた取り組みについて概括したうえで，高齢者福祉の施策及び支援における展望をみていきたい。

1　高齢者福祉施策の今後の動向

（1）都市部における高齢者介護対策

　要介護及び要支援者の認定者数の推移をみると，介護保険制度が創設された2000（平成12）年度末時点で約256万人であったものが，制度開始10年目の2012（平成24）年度末には約560万人となっている。そして2020（令和2）年度末には約680万人に到達している。つまり介護保険制度開始から20年で認定者数は，約2.7倍となっていることがわかる。このように要介護（要支援）高齢者が急増する中で，わが国における介護問題は喫緊の課題となっている。また今後，都市部において後期高齢者が急増することが予想されており，2015（平成27）年時点の75歳以上の高齢者数と2025年時点での高齢者数を比較しその増加率をみると，埼玉県1.56倍，千葉県1.52倍，神奈川県1.48倍，愛知県1.45倍，大阪府1.44倍と続く。[1]しかも今日におけるわが国の状況は，核家族化の進展に伴い，

単身及び夫婦のみの高齢者世帯の増加が進んでいることから，介護サービスにおける利用者の急増が予測され，サービスの不足が懸念されている。したがって，都市部における高齢者介護対策は，今後のわが国において大きな課題となっている。

（2）認知症を抱える人における暮らしを支えるための対策

　認知症患者の数は，2012（平成24）年において462万人であり，2025年にはさらに増加し約700万人になることが予想されている[2]。そしてこれまでのわが国における認知症の人への対策としては，介護保険制度における2006（平成18）年の改正により，地域密着型サービスが創設されるなど，できる限り住み慣れた地域での生活が継続できるようにするため介護サービスにおける基盤整備が進められてきた。しかし一方で，早期における認知症の確定診断が的確に行われていないことや，医療と介護の連携が不十分なため，適切な治療や介護の提供が行われてこなかったことなどが指摘され[3]，厚生労働省は2012（平成24）年に「認知症高齢者推進5か年計画（オレンジプラン）」を策定した。さらにこのプランは，2015（平成27）年に修正が加えられ，「認知症施策推進総合戦略（新オレンジプラン）」が策定された。新オレンジプランでは，団塊の世代が75歳以上となる2025年までに，認知症の人ができる限り住み慣れた地域で自分らしく暮らし続けることができる社会を目指して，社会に対する認知症への理解を深めていく取り組みや，医療及び介護等における有機的な連携を図り，切れ目のない支援体制を構築していくための取り組みなど7つの柱が設定された。

　その後，今後も認知症患者の増加が見込まれる中で，政府全体で認知症施策を推進していくため，2019（令和元）年に「認知症施策推進大綱」（以下，大綱）がとりまとめられた。この大綱については，基本理念として「共生」と「予防」の2つの概念が認知症施策を推進するうえでの両輪として掲げられた[4]。このうち，前者の共生とは，「認知症の人が尊厳と希望を持って認知症とともに生きる，また，認知症があってもなくても同じ社会でともに生きる[5]」と定義されている。後者の予防については，「『認知症にならない』という意味ではなく，『認知症になるのを遅らせる』『認知症になっても進行を緩やかにする[6]』」と定

義される。また大綱では，新オレンジプランの7つの柱を再編し，5つの柱を定めている。この柱の中では，認知症の人々が地域生活を送るうえで，買い物や移動など，様々な場面において障壁があり，それらをなくしていく認知症バリアフリーを推進することや，認知症への社会の理解を深め普及啓発を行うことなどが示されている。

　このようにわが国における認知症を抱える人の暮らしを支えるための対策は，介護サービスにおける基盤整備を進める段階から，認知症の人が住み慣れた地域の中で尊厳をもって，自分らしく暮らし続けることができる社会を実現するため，総合的な対策を推進する段階へと深化している。

2　地域包括ケアシステムから地域共生社会へ

（1）地域包括ケアシステム検討までの流れ

　わが国における高齢者福祉施策は，1989（平成元）年に高齢者保健福祉推進10か年戦略（ゴールドプラン）が打ち出されて以降，在宅サービスや施設サービスなどの介護サービスの整備が進められてきた。また2000（平成12）年には介護保険法が施行され，高齢者のニーズを適切に把握し，必要なサービスを総合的に結びつけていくケアマネジメントの仕組みも導入された。

　しかし2003（平成15）年に厚生労働省老健局長私的研究会である高齢者介護研究会は，「2015年の高齢者介護――高齢者の尊厳を支えるケアの確立に向けて」と題する報告書を発表し，これまでのわが国における高齢者福祉施策が高齢者の在宅生活を十分に支えることができていないと指摘したうえで，「介護保険のサービスを中核としつつ，保健・福祉・医療の専門職相互の連携，さらにはボランティアなどの住民活動も含めた連携によって，地域の様々な資源を統合した包括的なケア（地域包括ケア）を提供することが必要である」と提起した。そしてこれ以降，2006（平成18）年には介護保険法の改正により，地域包括ケアを実現するための中核的な機関として位置づけられる地域包括支援センターが設置されるなど，わが国における高齢者福祉施策は地域包括ケアシステムの構築を目指すことになる。

また地域包括ケアシステムは，2011（平成23）年における介護保険法の改正により，介護保険法第5条第3項に「国及び地方公共団体は，被保険者が，可能な限り，住み慣れた地域でその有する能力に応じ自立した日常生活を営むことができるよう，保険給付に係る保健医療サービス及び福祉サービスに関する施策，要介護状態等となることの予防又は要介護状態等の軽減若しくは悪化の防止のための施策並びに地域における自立した日常生活の支援のための施策を，医療及び居住に関する施策との有機的な連携を図りつつ包括的に推進するよう努めなければならない」として，法律上にも位置づけられている。

（2）地域包括ケアシステムの概要

　地域包括ケアシステムは，「ニーズに応じた住宅が提供されることを基本とした上で，生活上の安全・安心・健康を確保するために，医療や介護のみならず福祉サービスを含めた様々な生活支援サービスが日常生活のみならず，福祉サービスを含めた様々な生活支援サービスが日常生活の場（日常生活圏域）で適切に提供できるような地域での体制」と定義される。日常生活圏域とは，おおむね30分以内に必要なサービスが提供される圏域を指し，具体的には中学校区を基本としている。

　また地域包括ケアシステムは，「介護・リハビリテーション」「医療・看護」「保健・予防」「生活支援・福祉サービス」「住まいと住まい方」の5つから構成される。ここでの「介護・リハビリテーション」「医療・看護」「保健・予防」とは，専門職によって提供されるサービスを指す。「生活支援・福祉サービス」は，見守りや安否確認，社会参加の機会提供，ごみ捨てなど日常生活にかかわる支援を指す。「住まいと住まい方」は，高齢者のプライバシーと尊厳が守られた住環境を指す。そしてこれらの関係はまず前提として個人が生活する住まいが提供されるとともに，日常生活を送るうえで必要な「生活支援・福祉サービス」が行われ，そのうえで専門的サービスである「介護・リハビリテーション」「医療・看護」「保健・予防」サービスが提供される関係にある。このように日常生活圏域において「生活支援サービス」を含む多様なサービスが24時間365日途切れることなく一体的に提供されることで，住み慣れた地域

での生活が継続されることを地域包括ケアシステムは目指している。

　さらに地域包括ケアを展開していくためには，「自助・互助・共助・公助」の役割分担が重要となる。「地域包括ケア研究会報告書——今後の検討のための論点整理」では，自助について「自ら働いて，又は自らの年金収入等により，自らの生活を支え，自らの健康は自ら維持すること」，互助は「インフォーマルな相互扶助。例えば，近隣の助け合いやボランティア等」，共助は「社会保険のような制度化された相互扶助」，公助は「自助・互助・共助では対応できない困窮等の状況に対し，所得や生活水準・家庭状況等の受給要件を定めた上で必要な生活保障を行う社会福祉等」と定義している。このように自助を基本としつつ，互助，共助，公助の順で取り組みを進め，それぞれにかかわるすべての関係者が能力を発揮することが地域包括ケアシステムの実現に求められている。

（3）地域包括ケアシステムを深化させた地域共生社会

　ここまでわが国の高齢者福祉施策として，地域包括ケアシステムを構築するための取り組みが進められてきたことをみてきた。一方で，近年においては80代の親と様々な事情により自立することができない50代の子どもが同居し，社会から孤立している状況に置かれる8050問題や，育児と親の介護を同時に行わなければならない状態に置かれたダブルケアの問題といった複合的な課題を抱える世帯が増えている。そしてこうした世帯に対する支援については，高齢者への支援だけでなく，中高年の息子への支援や母親と子どもへの支援を同時に行うことが求められるなど，複合な分野の課題が絡み合っていることから，高齢者福祉，障害者福祉，児童福祉といった分野ごとの専門分化した制度では対応できないことが指摘されている。

　そこで高齢者福祉施策の中で展開されてきた地域包括ケアシステムの枠組みや考え方を障害者福祉や児童福祉といったその他の分野に広げ，分野ごとの縦割りを超えて，すべての世代を対象とした分野横断的かつ包括的な支援の体制を内包する地域共生社会の実現が求められるようになってきた。地域共生社会については，制度・分野ごとの「縦割り」や「支え手」「受け手」という関係

を超えて，地域住民や地域の多様な主体が参画し，人と人，人と資源が世代や分野を超え，つながることで，住民一人ひとりの暮らしと生きがい，地域をともに創っていく社会であると定義されている[11]。

　そして地域共生社会を実現するための取り組みとしては，2018（平成30）年に社会福祉法の一部が改正され，地域福祉計画の策定が努力義務化されるとともに，高齢者や障害者，児童といった各分野における共通事項を横断的に記載する上位計画として位置づけられるようになった（第107条）。さらに市町村の努力義務として，①住民等が主体的に地域生活課題を把握し解決を試みることができる環境の整備，②地域生活課題に関する相談を包括的に受け止める体制の整備，③多機関協働による包括的な相談支援体制の構築といった取り組みを行う包括的な支援体制の構築を図ることが求められるようになった（第106条の３）。また，2021（令和３）年における社会福祉法の改正では，上記に加え，①相談支援，②参加支援，③地域づくりに向けた支援を一体的に実施する重層的支援体制整備事業が創設された（第106条の４）。

（4）地域共生社会の実現と地域ケア会議

　地域ケア会議とは，地域包括支援センターまたは市町村が主催する行政職員をはじめ，地域の関係者から構成される会議体であり，個別課題解決機能，ネットワーク構築機能，地域課題発見機能，地域づくり・資源開発機能，政策形成機能の５つの機能をもつことが知られている。

　この地域ケア会議がもつ５つの機能について具体的にみるならば，地域ケア会議は専門職をはじめとする地域の関係者が集い，支援を必要とする高齢者の個別ケースについて多角的な視点を用いて課題の解決策を検討する場であり（個別課題解決機能），多種多様な関係者が集い，支援策を検討することで，参画した関係者たちの中で関係性が深まり，強固な支援ネットワークが形成されることが期待されている（ネットワーク構築機能）。また，支援を必要とする高齢者が抱える問題の背景には，それぞれの地域が抱える課題が関係していることもあり，地域ケア会議における個別ケースの検討を通じて，地域課題の発見につながることが期待されている（地域課題発見機能）。そして，明らかとなった

地域課題を解決していくためには，地域の中で新たな社会資源を開発していくこと（地域づくり・資源開発機能）や政策提言していくこと（政策形成機能）が必要であり，高齢者が抱える個別課題に対する支援を行いつつ，それを支える社会基盤の整備を同時に進めていく役割を担うことが求められている。

　地域ケア会議は，地域包括ケアシステムを実現するための一つの有効な手段として位置づけられているが，これはネットワーク構築機能により，専門職だけでなく，地域住民も参画した地域における支援ネットワークを形成し，さらに地域課題発見機能によって明らかとなった地域課題を解決することのできる可能性をもっているからである。

　すでにみてきたように，近年においては，地域包括ケアシステムの枠組みや考え方を深化させ，地域共生社会の実現が求められている。そして地域共生社会の実現に向けては，分野ごとの縦割りを超えた子どもから高齢者までのすべての人を対象とする「丸ごと」の支援を提供することのできる体制を構築することが必要であり，かつ地域住民等が地域の課題について他人事ではなく，「我が事」としてとらえ，地域課題の解決に向けて主体的に取り組むことが求められている。

　地域における多様な関係者が集うことが求められる地域ケア会議は，分野ごとの縦割りを超えて，分野横断的かつ包括的な「丸ごと」の支援体制を構築することのできる可能性をもっているであろうし，そこに地域住民が参画し，地域の課題に触れることで，「他人事」であった課題を身近に感じることで「我が事」としてとらえることのできる可能性もある。つまり，我々が目指すべき方向性は，地域包括ケアシステムから地域共生社会へと移り変わりつつあるが，地域ケア会議は地域共生社会を実現するうえでも重要な手段の一つとして位置づけることができるといえよう。

3　これからの高齢者福祉の課題と展望

（1）介護人材の確保に向けて

　介護保険法が施行された2000（平成12）年において，介護業務に従事する介

護職員数は約55万人であった。その後，介護サービス供給量の増加とともに介護職員の人数も増え，2019（令和元）年には約211万人となった。このように介護保険法が施行され，約20年で介護職員の数は約４倍に増えているが，団塊の世代が75歳以上の後期高齢者となり，医療や介護のニーズが高まることになる2025年時点では介護職員が243万人必要であると試算されており，2019（令和元）年における介護職員の数と比較して約32万人不足することになる。さらに，わが国の高齢化のピークをむかえる頃である2040年では，必要となる介護職員は約280万人に及ぶことが予想されており，地域共生社会の実現に向けて，人材確保の問題が大きな課題となっている。

　人材確保を進めるためには，新たな人材を確保することも必要であるが，すでに働く者の離職を防ぐことも重要となる。介護職員における離職率については，2007（平成19）年には21.6％であったが，近年は15〜16％程度で推移しており，減少傾向にある。また2020（令和２）年においては介護職員における離職率は14.9％であり，全産業の平均離職率15.6％を下回っている。このように介護職員における離職率が改善傾向にあるのは，介護職員における人材の定着率を図る取り組みとして，介護職員処遇改善加算等の様々な改善策が進められてきた成果である。一方で，離職した者の勤務年数をみると，離職者のうち「１年未満の者」が35.6％，「１年以上３年未満の者」が24.8％となっていることが報告されており，経験年数の浅い介護職員の離職率が高いことがわかる。

　介護職員の人材確保を行ううえでの課題として，彼らの賃金が低いことが指摘されるが，介護労働安定センターが行った「令和２年度　介護労働実態調査」をみると，介護の仕事を辞めた理由として最も多かったのは「職場の人間関係に問題があったため」が23.9％であり，次いで「結婚・妊娠・出産・育児のため」が19.9％と続き，「収入が少なかったため」と回答している者は15.6％で５番目となっている。また，これまでの同調査の結果では，「法人や施設・事業所の理念や運営のあり方に不満があったため」を理由とする者の割合も多い傾向がある。よって介護職員における人材定着を図るための対策は，収入面等に対する取り組みだけでなく，ライフスタイルに合わせた働き方のできる環境を整備することや，職場における人間関係をよりよいものにするため

の取り組みなど，多面的な対応が求められている。

（2）バランスのとれた役割形成に向けて

　地域包括ケアシステムを実現するためには，すべての関係者が能力を発揮することが重要であり，自助，互助，共助，公助の役割分担が求められていることは，すでに述べてきた。それぞれの関係については，まず自助が基本となり，自助で対応できない場合に互助による助け合いが行われ，互助で困難な場合は共助が働き，それでも対応できない場合は公助が働くといった「補完性の原理」に基づいている。こうした補完性の原理の考え方は，地域包括ケアシステムを深化させた地域共生社会においても同様に適用されることになる。

　このように地域包括ケアシステムあるいは地域共生社会は，本人によるセルフケアや近隣の助け合いなどによるインフォーマルケアが重要な要素として位置づけられている。一方で，こうした自助及び互助に対して，過度の期待を寄せることには注意が必要である。近年，高齢化の伸展に伴い，社会保障に関する費用が増大する中で，高齢者の生活支援にかかわるすべてのニーズを共助及び公助で対応することができないことから，おのずと自助及び互助に対して期待が高まりやすい状況にある。しかし共助及び公助で対応できない問題に対し，自助や互助にその対応を求めることは，補完性の原理に逆行する考えとなり，最終的な責任を自助や互助に求め自己責任を強調することにつながる可能性がある。地域包括ケアシステムあるいは地域共生社会の実現に向けて自助，互助，共助，公助の役割分担は重要であるが，どのようにフォーマルケアとインフォーマルケアのバランスを形成していくのか，その動向について注視する必要がある。

（3）これからの高齢者福祉における施策及び支援

　本書でここまでみてきたように，わが国における高齢者福祉施策は，経済保障，医療保障，介護保障，権利擁護など様々な側面から展開されており，高齢者におけるニーズを生活全体からとらえるものとして広がりをみせている。そしてこのような高齢者福祉にかかわる施策及び支援の展開は，高齢者の生活を

支えるうえで必要不可欠なものである。

　しかしながら，高齢者の生活を支えるために行われる支援という行為は，支援を行う者と受ける者に二分する行為であり，支援を受ける者を弱者として位置づけるとともに，一方的に社会から支えられる存在としてとらえてしまう危険性を孕んでいる。このように高齢者における幸福（well-being）の実現を目指す高齢者福祉の施策及び支援に関する取り組みは，その目的とは裏腹に高齢者に対するネガティブなイメージを形成してしまう可能性をもつ。

　一方で90年代後半以降，老年学の領域において「アクティブ・エイジング」という用語が積極的に用いられている。この用語の中で用いられる「アクティブ」という言葉は，社会的活動，経済的活動，文化的活動などへの持続的参加[17]を意味し，そこには家族や友人などの身近な人々との関係における日常的な役割を果たすことも含まれる[18]。また，この言葉は，何らかの疾患や障害をもっている高齢者であっても，アクティブに社会参加することが可能であるという考え方のうえに成り立っており[19]，身体状況等にかかわらずすべての人が，何らかの形で主体的に社会とかかわっていく，その姿や生き方を示している。

　そして，このようなアクティブ・エイジングの考え方に基づいて，高齢者福祉における施策及び支援をとらえ直してみると，その行為は疾患や障害をもつ高齢者が主体的に社会とかかわっていく際に用いる手段としてみることができる。逼迫する社会保障財政の問題，急増する認知症高齢者への対応，介護労働者における人材不足問題とわが国が抱える課題は枚挙にいとまがないが，高齢者福祉における施策や支援は，すべての高齢者が主体性と自立（律）性を発揮することのできる社会を実現するための手段として位置づけられなければならない。

注
(1)　厚生労働省（2020）社会保障審議会介護給付費分科会第176回資料 1 「介護分野をめぐる状況について」。
(2)　内閣府（2017）『平成29年版高齢社会白書』。

⑶　認知症の医療と生活の質を高める緊急プロジェクト（2006）「認知症の医療と生活の質を高める緊急プロジェクト」報告書（http://www.mhlw.go.jp/houdou/2008/07/dl/h0710-1a.pdf　2022年6月25日閲覧）。

⑷　認知症施策推進関係閣僚会議（2019）「認知症施策推進大綱」。

⑸　⑷と同じ。

⑹　⑷と同じ。

⑺　「認知症施策推進大綱」に示される5つの柱とは，以下の通りである。①普及啓発・本人発信支援，②予防，③医療・ケア・介護サービス・介護者への支援，④認知症バリアフリーの推進・若年性認知症の人への支援・社会参加支援，⑤研究開発・産業促進・国際展開。

⑻　高齢者介護研究会（2003）「2015年の高齢者介護──高齢者の尊厳を支えるケアの確立に向けて」（http://www.mhlw.go.jp/topics/kaigo/kentou/15kourei/3.html　2022年6月25日閲覧）。

⑼　地域包括ケア研究会（2009）「平成20年度老人保健健康増進等事業　地域包括ケア研究会報告書──今後の検討のための論点整理」（http://www.mhlw.go.jp/houdou/2009/05/dl/h0522-1.pdf　2022年6月25日閲覧）。

⑽　⑼と同じ。

⑾　厚生労働省「我が事・丸ごと」地域共生社会実現本部（2017）「『地域共生社会』の実現に向けて（当面の改革工程）」。

⑿　厚生労働省「第8期介護保険事業計画に基づく介護職員の必要数について」（https://www.mhlw.go.jp/stf/houdou/0000207323_00005.html　2022年1月28日閲覧）。

⒀　⑼と同じ。

⒁　介護労働安定センター（2020）「令和2年度　介護労働実態調査　事業所における介護労働実態調査結果報告書」44頁。

⒂　⑾と同じ。

⒃　介護労働安定センター（2020）「令和2年度　介護労働実態調査　介護労働者の就業実態と就業意識調査結果報告書　資料編」119頁。

⒄　白波瀬丈一郎（2013）「自らを寿げる老いにむけてのパラダイムシフト」『老年精神医学雑誌』24(1)，11〜17頁。

⒅　小田利勝（2004）「少子高齢社会におけるサードエイジングとアクティブ・エイジング」『神戸大学発達科学部研究紀要』10(4)，1〜22頁。

⒆　⒄と同じ。

あとがき

　プロローグにもあるように，本書は高齢者福祉の初学者を念頭に置いて，多岐にわたる高齢者福祉分野の内容をわかりやすく記述し，解説することを心がけたものである。

　介護保険制度を中心に，高齢者福祉の制度的な枠組みは，ますます高度に複雑化してきている。それをこれから学ぼうとしている人が理解することはなかなかの難題である。しかしだからこそ，しっかりと学んでもらいたい。そして，サービスによる支援を必要としている高齢の人たちが安心して生活を送れるように制度と利用者の間に立って手助けをしてもらいたい。

　今後は，最も人口数が多い団塊の世代の人たちが後期高齢者になり，さらに85歳以上になっていく。2040年頃を一つのピークとして，超高齢社会への対応は，これからがまさに本番，正念場なのである。

　2016（平成28）年6月には，日本一億総活躍プラン（閣議決定）に「地域共生社会」の実現が盛り込まれた。介護保険法は改正され，2018（平成30）年4月から潮流が大きく変わっている。改革のキーワードの一つは「地域包括ケア」であり，それを自助，互助，共助，公助を適切に組み合わせて実施することになる。地域で互助の仕組みをいかに構築していくか，つまり，地域の中で個別課題をいかに解決していくかということと，そのような個別課題を受け入れることのできる地域をどのようにつくっていくのかという両輪が，重要な課題となっている。複雑化，複合化した課題を有する世帯を支援するために，重層的な支援体制の構築が求められる時代に突入している。

　高齢者福祉を学ぶ人たちには，国が示す方向性を無批判に受け入れるのではなく，高齢者はもちろん，若い世代の人たちも安心して自分らしく暮らしていける社会が望ましいという理想に立脚し，社会福祉のシステムのありようについて批判的（クリティカルな）スタンスで考え，高齢者を支援する力をしっかりと身につけてほしいと思う。これからの高齢社会がどうなるかは，今まさに学んでいる人たちの力にかかっている。日本の高齢者福祉は世界からも注目され

ている。本書がそのための一助となれば幸せである。

2022年8月

編　者

さくいん

あ

アクティブ・エイジング　25, 200
アセスメント　178
アフターケア　178
新たな高齢者介護システムの構築を目指して
　　50
育児休業，介護休業等育児又は家族介護を行
　　う労働者の福祉に関する法律（育児・介
　　護休業法）　143, 156
医師　164
意思決定支援　180
一時保護（分離保護）　108
一部事務組合　59
一般介護予防事業　75, 76
インテーク　178
インプリメンテーション　178
うつ病　32
エイジズム　25
エイジレス社会　26
栄養士（管理栄養士）　166
エバリュエーション　178
オレンジプラン→認知症高齢者推進5か年計
　　画

か

介護休暇　143-145
介護休業　21, 143-145
　　——給付金　144
介護給付　65
　　——費分科会　65
介護サービス情報公表システム　152
介護サービス相談員　168
介護支援専門員（ケアマネジャー）　58, 67,
　　162
介護職員　163

　　——初任者研修　163
介護・世話の放棄・放任（ネグレクト）　104
介護認定審査会　63
介護福祉士　161
介護報酬　64
介護保険運営協議会　68
介護保険サービスにおける利用者負担　67
介護保険事業計画　68
介護保険の財源　60
介護保険の対象となる被保険者　60
介護保険の目的　55
介護保険法　55, 56, 87
介護保険料　60
介護予防　179
　　——ケアマネジメント（第一号介護予防支
　　　　援事業）　76, 78
　　——支援　65
　　——・生活支援サービス事業　75
　　——・日常生活支援総合事業　74
介護離職　21, 141, 145, 147
　　——防止　185
介護老人福祉施設　65
開発的機能　174
家庭奉仕員派遣事業　45
貨幣的なニーズ　47
看護師　165
カンファレンス　170
基本チェックリスト　76
救護法　44
教育的機能　174
業務独占　160
居住支援法人　133
居宅介護支援　65
居宅療養管理指導　164
ケアマネジメント　174, 193

ケアラー　187
経済的虐待　104
敬老思想　25
結晶性知能　33
健康保険　95, 96
　　——法　94
言語聴覚士（ST）　166
権利擁護　78
広域連合　59
公営住宅　127
公益社団法人全国有料老人ホーム協会　154
高額医療費　96
後期高齢者　11, 12, 95
　　——医療制度　97
　　——医療保険　96
　　——支援金　98
　　——人口　12
合計特殊出生率　16
行動・心理症状　32
高年齢者等の雇用の安定等に関する法律（高年齢者雇用安定法）　142, 156
高齢化　10, 12
　　——社会　10, 14
　　——の速度　14
　　——の地域差　18
　　——率　12
　　——率の推移　14
高齢者，障害者等の移動等の円滑化の促進に関する法律（バリアフリー法）　119
高齢者，身体障害者等が円滑に利用できる特定建築物の建築の促進に関する法律（ハートビル法）　118
高齢者，身体障害者等の公共交通機関を利用した移動の円滑化の促進に関する法律（交通バリアフリー法）　118
高齢社会　14
　　——対策基本法　48, 121
　　——対策大綱　11, 21, 26, 48, 121
高齢者観　25
高齢者虐待対応　107

高齢者虐待の防止，高齢者の養護者に対する支援等に関する法律　10, 92, 103
高齢者虐待の類型　104
高齢者虐待防止ネットワーク　109
高齢者人口　12
高齢者対策企画推進本部報告　48
高齢者の医療の確保に関する法律　11, 95, 96
高齢者の居住の安定確保に関する法律（高齢者住まい法）　130
高齢者の住宅と生活環境に関する意識調査　134
高齢者のための国連原則　25
高齢者の定義　10
高齢者保健福祉推進10か年戦略（ゴールドプラン）　49, 193
国民医療費　100
国民健康保険　95, 96
　　——団体連合会（国保連）　155
国民の共同連帯の理念　56
国民の努力及び義務　56
孤独・孤立対策の重点計画　20
雇用確保措置　143
孤立死　19
今後の社会福祉のあり方について　48

さ ──────────────
サービス担当者会議　169
サービス付き高齢者向け住宅　90, 131
在宅医療・介護連携推進事業　80
『在宅福祉サービスの戦略』　47
在宅福祉の3本柱　47
作業療法士（OT）　166
サルコペニア　29
歯科医師　164
歯科衛生士　166
支給限度基準額　64
施設サービス　65
施設設置管理者　119
指定サービス事業者　152

指定の更新　152
社会参加　113
社会的孤立　19
社会的弱者　25
社会福祉関連八法改正→福祉八法改正
社会福祉士　160
社会福祉施設緊急整備5か年計画　46
社会福祉主事　162
社会保障体制の再構築（勧告）——安心して
　　暮らせる21世紀の社会をめざして（1995
　　年勧告）　127
就業確保措置　143
住所地特例　61
住生活基本法　128
重層的支援体制整備事業　196
住宅確保要配慮者　132
　　——居住支援協議会　133
　　——に対する賃貸住宅の供給の促進に関す
　　　る法律（住宅セーフティネット法）　132
住宅扶助　127
主治医意見書　63
手段的サポート　19
恤救規則　42
生涯発達理論　33
少子高齢化　16
情緒的サポート　19
シルバー人材センター　156
シルバーハウジング・プロジェクト　129
新オレンジプラン→認知症施策推進総合戦略
人権尊重　25
人口置換水準　16
新ゴールドプラン　49
身体的虐待　104
心理的虐待　104
ステレオタイプ　26
生活困難　19
生活支援コーディネーター（地域支え合い推
　　進員）　80
生活支援サービス　76
生活支援体制整備事業　80

精神保健福祉士　161
性的虐待　104
世界保健機関　10
世帯　16
前期高齢者　11, 12, 95
　　——医療制度　98
全国医療費適正化計画　97, 99
全国健康福祉祭　117
せん妄　33
早期発見　109
総合相談　176
　　——支援　78, 176
相談・通報件数　105
ソーシャルアクション　175

た
ターミネーション　178
第2次ベビーブーム　16
代弁的機能　174
ダブルケア　22, 183
団塊の世代　20, 192
単独世帯　17, 18
地域共生社会　193, 195-199
　　——の実現のための社会福祉法等の一部を
　　　改正する法律　150
地域ケア会議　82, 168, 196, 197
地域支援事業　73
地域包括ケアシステム　58, 77, 99, 130, 168,
　　193-195, 197, 199
地域包括支援センター　50, 77, 153, 161,
　　193, 196
地域包括支援ネットワーク　178
地域密着型サービス　65, 192
チームアプローチ　160, 179
中核症状　32
中間施設　48
超高齢社会　14
長寿社会対策大綱　48
調整的機能　174
通所型サービス　76

通報義務　107
適用除外　62
特定求職者雇用開発助成金(生涯現役コース)
　　156
特定建築物　119
特定疾病　62
特定非営利活動促進法（NPO法）　116
特別徴収　98
特別特定建築物　119
都道府県医療費適正化計画　97, 99
努力義務　107

な —————————————
21世紀福祉ビジョン　49
日本老年医学会　11
日本老年学会　11
任意事業（地域支援事業）　77
認知症　32, 180
　——カフェ　81
　——高齢者推進5か年計画（オレンジプラ
　　ン）　192
　——サポーター　167
　——施策推進総合戦略(新オレンジプラン)
　　51, 81, 192, 193
　——施策推進大綱　81, 192
　——初期集中支援チーム　80
　——総合支援事業　80
　——地域支援推進員　81
認認介護　19
寝たきり老人の実態調査　46
ネットワーク　182

は —————————————
倍加年数　14
廃用症候群　29
8050問題　20, 183
バリアフリー　120
ハローワーク　155
非貨幣的なニーズ　47
ひきこもり　19

一人暮らし（独居）　16
夫婦のみ世帯　17
福祉元年　47
福祉の措置　91
福祉八法改正（社会福祉関連八法改正）　49,
　　87
福祉用具専門相談員　163
普通徴収　98
プランニング　178
ふれあい・いきいきサロン　117
フレイル　29
平均寿命　11, 16
包括的・継続的ケアマネジメント支援　78
訪問介護員（ホームヘルパー）　163
訪問型サービス　75
ホームヘルプサービス　46
補完性の原理　199
保健師　165
ボランティア活動　115

ま —————————————
名称独占　160
モニタリング　178

や —————————————
薬剤師　164
やむを得ない事由　92
ヤングケアラー　22, 183
有料老人ホーム　89, 154
ユニバーサルデザイン　120
要介護　12
養介護施設従事者等　104
　——による虐待　103
要介護認定　12, 62
　——の有効期間　64
養護者　104
　——支援　110
　——による虐待　103
養護老人ホーム　46, 89
要支援　12

養老院　43
養老施設　42
予防給付　65

ら ────────────────
理学療法士（PT）　165
流動性知能　33
レスパイトケア　185
老人医療費支給制度　47, 87
老人介護支援センター　89
老人家庭奉仕員派遣事業　46

老人居宅介護事業　154
老人居宅生活支援事業　88, 154
老人クラブ　115
老人福祉計画　90
老人福祉施設　154
老人福祉法　45, 85
老人ホームのあり方に関する意見　46
老人保健施設　48
老人保健法　47, 87, 95
老人養護委託　89
老老介護　19

監修者紹介

杉本　敏夫 （すぎもと・としお）

　　現　在　関西福祉科学大学名誉教授
　　主　著　『新社会福祉方法原論』（共著）ミネルヴァ書房，1996年
　　　　　　『高齢者福祉とソーシャルワーク』（監訳）晃洋書房，2012年
　　　　　　『社会福祉概論（第3版）』（共編著）勁草書房，2014年

執筆者紹介 （執筆順，＊印は編者）

＊秦　　康宏 （プロローグ，第4・5章）
編著者紹介参照

時本　ゆかり （第1章）
大阪人間科学大学人間科学部准教授

三田村　知子 （第2章）
関西福祉科学大学社会福祉学部准教授

＊杉本　敏夫 （第3章）
監修者紹介参照

奥西　栄介 （第6章）
福井県立大学看護福祉学部教授

多田　裕二 （第7章）
社会福祉法人亀望会統括施設長

髙井　裕二 （第8章）
関西福祉科学大学社会福祉学部助教

新井　康友 （第9章）
佛教大学社会福祉学部准教授

成清　敦子 （第10章）
関西福祉科学大学社会福祉学部教授

＊家髙　将明 （第11章，エピローグ）
編著者紹介参照

山本　秀樹 （第12章）
関西国際大学教育学部准教授

藤田　了 （第13章）
大阪国際大学人間科学部准教授

梅谷　進康 （第14章）
桃山学院大学社会学部教授

編著者紹介

家髙　将明（いえたか・まさあき）
　　現　在　関西福祉科学大学社会福祉学部准教授
　　主　著　『災害ソーシャルワークの可能性』（編著）中央法規出版，2017年
　　　　　　『改訂版　現代ソーシャルワーク論』（編著）晃洋書房，2020年

秦　　康宏（はた・やすひろ）
　　現　在　大阪人間科学大学人間科学部准教授
　　主　著　『介護保険事務講座　介護保険制度の理解（2021年改訂版）』（単著）キャリアカ
　　　　　　レッジジャパン，2022年。
　　　　　　『社会福祉概論——社会福祉の原理と政策（第5版）』（共著）勁草書房，2021年。

杉本　敏夫（すぎもと・としお）
　　監修者紹介参照

最新・はじめて学ぶ社会福祉⑭
高齢者福祉

2022年9月20日　初版第1刷発行　　　〈検印省略〉

定価はカバーに
表示しています

監　修　者　　杉　本　敏　夫

　　　　　　　家　髙　将　明
編　著　者　　秦　　　康　宏
　　　　　　　杉　本　敏　夫

発　行　者　　杉　田　啓　三

印　刷　者　　坂　本　喜　杏

発行所　　株式会社　ミネルヴァ書房
607-8494　京都市山科区日ノ岡堤谷町1
電話代表　（075）581-5191
振替口座　01020-0-8076

Ⓒ家髙・秦・杉本ほか，2022　　冨山房インターナショナル・藤沢製本

ISBN 978-4-623-09458-5
Printed in Japan

杉本敏夫　監修

──────── 最新・はじめて学ぶ社会福祉 ────────

全23巻予定／Ａ５判　並製

① 医学概論

❷ 心理学と心理的支援

❸ 社会学と社会システム

❹ 社会福祉

❺ 社会福祉調査の基礎

❻ ソーシャルワーク論

❼ ソーシャルワークの基盤と専門職Ⅰ（基礎）

⑧ ソーシャルワークの基盤と専門職Ⅱ（専門）

⑨ ソーシャルワークの理論と方法Ⅰ（共通）

⑩ ソーシャルワークの理論と方法Ⅱ（専門）

⓫ 地域福祉と包括的支援体制

⓬ 福祉サービスの組織と経営

⑬ 社会保障

❹ 高齢者福祉

⑮ 障害者福祉

⓰ 児童・家庭福祉

⓱ 貧困に対する支援

⑱ 保健医療と福祉

⑲ 権利擁護を支える法制度

⑳ 刑事司法と福祉

㉑ ボランティア論

㉒ 介護概論

㉓ 特別支援教育と障害児の保育・福祉

順次刊行，　●数字は既刊

──────── ミネルヴァ書房 ────────

https://www.minervashobo.co.jp/